फिर वसन्त आये...

फिर वसन्त आये...

अशोक सिंह

वाणी प्रकाशन

वाणी प्रकाशन
4695, 21-ए, दरियागंज, नयी दिल्ली 110 002
शाखा
अशोक राजपथ, पटना 800 004
फ़ोन: +91 11 23273167 फ़ैक्स: +91 11 23275710
www.vaniprakashan.in
vaniprakashan@gmail.com
sales@vaniprakashan.in

PHIR VASANT AAYE...
by Ashok Singh

ISBN : 978-93-5229-682-8
Collection of Poems

प्रथम संस्करण

मूल्य : ₹ 350

सिटी प्रेस, दिल्ली-110 095 में मुद्रित

वाणी प्रकाशन का लोगो मक़बूल फ़िदा हुसेन की कूची से

उपवन में किसलय आतुर हैं, फिर से खुल मुस्काने को
कलिका भी कल इतरायेगी, दिन दूर नहीं वो आने को
ऋतु आती है ऋतु जाती है, धरती हँसती, मनुहारती है
पर हम एकाकी, तरस रहे, भँवरे का गुंजन गाने को।

साहित्य-वाटिका के पहले फूल की पहली ख़ुशबू

कविता हृदय की धरती पर भाव के बीज का अंकुरण है जो शब्द का रूप लेकर प्रस्फुटित होता है। संवेदना खाद का काम करती है और बाहरी वातावरण उसे विकास देता है। कवि-हृदय कहीं का भी हो, किसी का भी हो उसमें धड़कन तो समान ही होती है। धड़कता तो एक तरह से ही है। हर्ष-विषाद, दुःख-सुख, उत्थान-पतन और उनके प्रभाव तो हर एक हृदय के साथ जुड़े हैं। हाँ, उनके एहसास का धरातल कवि की विचार-दृष्टि के अनुसार परिवर्तित होता रहता है और उसी के अनुकूल उसकी अनुभूति की तीव्रता कम-ज़्यादा होती रहती है। यही अनुभूति की तीव्रता कविता को आकार देती है और अपने प्रभाव को नियत करती है।

अमेरिका के न्यू यॉर्क शहर में रहने वाले अशोक सिंह ने जब कविता लिखना शुरू किया होगा तो उन्होंने सोचा भी न होगा कि वे अपने भीतर एक बड़े कवि का हृदय लिए बैठे हैं। ऐसे कवि का हृदय जो ज़िन्दगी की धूप-छाँह को सहज रूप से अपने आँगन तक निर्विघ्न आने देता है, उसमें बैठता है, उसे महसूस करता है, उससे खेलता है, उसे गले लगाता है, उससे अनुभव प्राप्त करता है और फिर इस अनुभव को अनुभूति के स्तर पर ले जाकर उसे अभिव्यक्त करता है। अभिव्यक्त करने के और भी बहुत साधन हैं, किन्तु अशोक सिंह कविता को ही अपनी अभिव्यक्ति का साधन क्यों बनाते हैं क्योंकि अशोक के जीवन में, जीवन-प्रसंगों में, उनके सम्बन्धों में, उनके संघर्षों में, उनकी ख़ुशियों में, उनके उल्लास में, उनके आँसुओं में कहीं न कहीं कविता की ख़ुशबू घुली हुई है। वे कवियों को पसन्द करते हैं, उनकी कविताओं को पसन्द करते हैं और उन लोगों को भी पसन्द करते हैं जो कविता के मर्म को जानते हैं और कवि-कर्म को बड़ा मानते हैं। मैं यह बात यूँ ही नहीं कह रहा हूँ। मैं उनसे कई बार मिला हूँ। उनके काव्य-प्रेम को मैंने देखा है, महसूस किया है और उसका भागीदार भी रहा हूँ। अपने-आप

को व्यक्त करने की छटपटाहट उनमें हमेशा ही टहलती हुई दिखाई दी है। बस यही छटपटाहट टहलते-टहलते एक दिन ऐसे उद्यान में पहुँच गयी जिसमें कविता के फूल खिल रहे थे, भावों की नाज़ुक कलियाँ झूम रही थीं, भँवरे गुंजार कर रहे थे, तितलियाँ अपने पर फैलाकर हवाओं में तैर रही थीं। विचारों के रसदार फल अपने रस के मिठास से ज़हन की हरी भरी डालियों को अपने वैभव से समृद्ध कर रहे थे। और बस तब आ गया इन सबके फन्दे में अशोक सिंह का वह मन जो कविता की इस सौन्दर्य-वाटिका में पहुँचकर स्वयं को धन्य समझ रहा था। उनकी चेतना, उनकी प्रवृत्ति, उनकी अभिव्यक्ति शब्दों से मेलजोल बढ़ाने लगी और फिर ये शब्द कविता का रूप लेते चले गये। और फिर इस सुन्दर बगिया ने यह शुभकामना देते हुए उनका स्वागत किया 'फिर वसन्त आये...' उन्होंने देखा कि उनके स्वागत में वन्दनवार बना हुआ है और उस पर लिखा है–

है हृदय से हमारे सहस्त्रों नमन
स्वागतम स्वागतम स्वागतम
फूल इठलाये इठलाई हैं तितलियाँ
खग उड़े पंक्ति में गाये रागिनियाँ
मन प्रफुल्लित, बिखरे हुए हैं सुमन
स्वागतम स्वागतम स्वागतम...

यही नहीं यह बगिया आगे यह भी कहती है–'कौन आता किसी के लिए कब कदा/आये हो अब हृदय में रहोगे सदा/जीते मन इसलिए आज अर्पित नयन/ स्वागतम स्वागतम स्वागतम।'

सच है जो कविता की बगिया में आ गया वह फिर वहीं का होकर रह जाता है। तब ही तो वह कहती है–'आये हो अब हृदय में रहोगे सदा'। यह सदा हृदय में बसे रहने की सदाशयता कविता के ही पास है। अशोक ने भी मंजूर कर लिया इसी बगिया में रहना...और फिर वह भी अपने जीवन की ओर उन्मुख होकर कविता के स्वर में स्वर मिलाकर अपने-आप से यह कहने लगे और स्वयं को आश्वस्त किया, सोचा और यह चाहा भी 'फिर वसन्त आये...'। किन्तु जीवन में वसन्त कुछ दिनों को ही आता है फिर तो संसार के झमेलों में फँसना पड़ता है और संसार की गति के अनुसार ही चलना पड़ता है। अशोक जी इस तथ्य को पहचानते हैं इसलिए अचानक यह कह उठते हैं–'जगत में जब सर्वोपरि हों/मनुज के ओछे झमेले/घट रहा हो प्रेम हर दिन/बढ़ रहे संघर्ष रेले/मन स्वयं पर कर रहा

हो/ विवश बारम्बार अंकुश/विमुख कब हो सकूँ इनसे/जब इसी संसार में हूँ।'...

लेकिन अशोक ऐसे हार मानने वाले नहीं हैं। वे निराशा में भी आशा की किरण ढूँढ़ लाते हैं और कह उठते हैं—'लगता मेरे गीत किसी ने गाये हैं इसीलिए बेमौसम बादल छाये हैं'...ये बेमौसम बादलों का छाना कहीं राहत देता दिखाई देता है। बिछुड़े हुओं की याद फिर आने लगती है किन्तु बिछुड़े हुओं से यह आश्वासन भी पाने की ललक उनमें अब भी बनी है—'कहो न, तुम फिर मिलोगे।' इस मिलन की ललक लेकर वे स्वयं को तथा औरों को भी यह समझाते हैं—'देखो सुबह सुनहरी नभ में/व्यापक हुई सर्वथा जग में/हर अवयव संग खग-कलरव/ जाग्रत जीवन होता है/देखो, प्रातः पुनः होता है।'...यह पुनः प्रातः होने की प्रक्रिया ही रात के अँधेरों से जूझने की शक्ति प्रदान करती है। इसलिए पतझर में भी वे यही कहते हैं—'एक गीत और कहो प्रीत का, वसन्त का।' ...और यह भी कहते हैं—'मनमीत बनो तो चैन आये'...और अपने मन की चाह को भी उजागर करते हुए यह बोलते हैं—'जो तुम आ जातीं एक बार/सुरमय हो जाते मन के तार।' फिर एक दिवास्वप्न-सा देखने लगते हैं और कहते हैं—'सुलझी जीवन की पहेली खो गयी थी, तुम वो कड़ी हो/क्या राह में पलकें बिछाये तुम खड़ी हो।' ...उनके हृदय में जो प्रीत का जज़्बा है वह प्रीत की राह नहीं छोड़ने देता और न ही अपने प्रिय का साथ। वह कहने लगता है—'प्रेम की चल डगर में संग/राह कैसे मोड़ लूँ मैं/साथ कैसे छोड़ दूँ मैं।'

कविता नये-नये रूपों में अपने आप को परिवर्तित करती रहती है। अशोक सिंह ने भी अपने मन की अभिव्यक्ति के लिए कविता की अलग-अलग विधाओं को चुना है। वे कभी गीत की शैली में अपनी बात कहते हैं तो कभी अतुकान्त शैली में, कभी ग़ज़ल के निकट रहकर बोलते हैं तो कभी चतुष्पदियों के रूप में। कभी जब टुकड़ों-टुकड़ों में अपनी बात को स्पष्ट करने की चाह जागती है तो वे आज़ाद शे'र भी कहने की कोशिश करते हैं। किन्तु यह बात भी सच है कि चाहे किसी भी विधा में उन्होंने स्वयं को अभिव्यक्त किया हो, हर विधा में उन्होंने अपने हृदय में छिपे प्रेम-भाव की ही अभिव्यक्ति की है। प्रेम की विभिन्न भाव-भंगिमाएँ वहाँ मौजूद हैं। उसकी तरह-तरह की छवियाँ हमारे सामने आती हैं।

'मोड़' नामक फ्री-वर्स कविता में अशोक सिंह के अपने अकेलेपन की अभिव्यक्ति

है और नये मोड़ के प्रति आशंका भी। उन्हें ये आशंका है कहीं वे नये मोड़ पर जाकर अपना अस्तित्व ही न खो बैठें। फिर भी शाम होने से पहले वे किसी के साथ मिलकर किसी नये सपने को सँजोने की ख़्वाहिश करने लगते हैं। लेकिन कई बार उन्हें ऐसा भी लगता है कि 'रात में आँख खुली/और आँख नम थी/... अक्सर सोच में पड़ जाता हूँ/क्या कोई संवेदना थी/जो सारी रात मस्तिष्क को अनायास कचोटती रही/और आँसुओं के रूप में अभिव्यक्त हुई।'

सोचते-सोचते अशोक सिंह ग़ज़ल की तरफ़ मुड़ जाते हैं और फिर यह घोषणा करते हैं—'हर दिल से मुहब्बत का जज़्बा है तो हूँ/शायर हूँ किसी एक की जागीर नहीं हूँ।' वह स्वयं को कभी 'प्रेम का गुलाब' तो कभी 'पल भर का हसीं ख़्वाब' बताते हैं और कभी 'इश्क़ की तहरीर' तो कभी 'ख़ुदा की नेमत' मानते हैं। क्योंकि वे स्वयं इश्क़ हैं। जो स्वयं मुहब्बत का जज़्बा है वह अपनी व्याख्या इन रूपों में तो करेगा ही। प्रेम में याद का भी बहुत महत्त्व होता है। प्रिय की याद का आना बड़ा सहज और स्वाभाविक है। याद आती है तो मन-मधुवन महक उठता है। तरह-तरह के फूल खिलने लगते हैं, और भी बहुत कुछ होता है। अशोक सिंह एक शे'र में इस आलम को इस प्रकार व्यक्त करते हैं—

याद जब आयी तुम्हारी मन खिला और तुम मिले
गीत गाया, प्रीत का मधुवन खिला और तुम मिले

प्रेम से बड़ी दुनिया में कोई भी दौलत नहीं। इसीलिए संसार के प्रेमियों ने बड़े-बड़े सिंहासन ठुकरा दिये, बड़ी-बड़ी दौलतों को छोड़ दिया। अशोक सिंह भी अपने एक आज़ाद शेर में यह कहते हैं—'ठोकर में है वो दौलत, पैरों तले वो मान/रंजिश करे जो तेरे और मेरे दरमियान।' अशोक सिंह का व्यक्तित्व कुछ है ही ऐसा। वे भावुक होते हुए भी फैसले लेने में दृढ़ हैं और कभी फैसले लेने में भावुक भी।

यदि संक्षेप में अशोक सिंह की इन कविताओं पर टिप्पणी करनी हो तो बड़े ही आराम से यह कहा जा सकता है कि इनकी कविताओं में इनके उस व्यक्तित्व की छाप है जो सरल, सहज और प्रेम से भरा है, जो भावुक है किन्तु विवेकशील भी है, दृढ़ है किन्तु कोमल भी है। समर्पित है किन्तु स्वाभिमान से भी भरा है। कविताओं में यद्यपि उनके विषय के रूप में प्रेम ही दिखाई देता है किन्तु यह प्रेम व्यक्तिगत संवेदनाओं से चलकर विश्व-संवेदना से भी जुड़ जाता है। यदि ऐसा न होता तो वे उत्तराखण्ड में होने वाली प्रलयकारी त्रासदी पर कविता नहीं

लिखते। कवि जब अपने 'स्व' से 'पर' की ओर बढ़ता है तब वह अपने कद को बढ़ाता जाता है।

बाग़ के पहले फूल का अपना अलग महत्त्व होता है। उसकी ख़ुशबू भविष्य की लकीर की सम्भावनाओं को रेखांकित करती है। उसका रंग भविष्य की रेखाओं में उतरकर एक नयी तस्वीर बनाता है। उसकी मदहोशी नया जागरण देती है। अशोक सिंह का यह संग्रह भी साहित्य-वाटिका का एक ऐसा ही पुष्प है जो माँ वाणी के चरणों में समर्पित होकर स्वयं को गौरवशाली मानता है। उसका यह समर्पण अपनी मातृभाषा के प्रति प्रेम, विश्व-मानव के प्रति आस्था तथा साहित्य के प्रति अभिरुचि को द्योतित करता है। मुझे पूरा विश्वास है कि इनका यह संग्रह पाठकों का प्यार पायेगा और पाठकों के मन में यह विश्वास भी जगाएगा कि विदेश में रहकर भी कोई चाहे तो अपनी भाषा और साहित्य की सेवा कर सकता है। मुझे उम्मीद है कि अशोक सिंह काव्य-वाटिका में अभी और भी रंग बिखरायेंगे, अभी और भी ख़ुशबू बिखेरेंगे और धीरे-धीरे काव्य के अन्य मानकों की पहचान करके स्वयं को और भी सँवारेंगे। अगले संग्रह की प्रतीक्षा में–

–डॉ. कुँअर बेचैन (भारत)

e-mail : kbechain2012@gmail.com

स्व-कथन

'फिर वसन्त आये...' एक सतत यात्रा है—अहसासों की, अपनी ज़मीन से जुड़े हुए होकर भी दूर रहने के अनुभवों की, एक विश्वास की, विषमता में स्वयं को सकारात्मकता से जोड़ सकने की, एक अमर-पक्षी की तरह अपने आपको फिर से जुटा कर खड़ा कर सकने की हिम्मत की, और अन्ततः एक विजय और उल्लास की। ये अनुभव जो सम्पूर्णतः मेरा है, अपने आपमें अक्षत है लेकिन फिर भी आपको अपने इर्द-गिर्द घूमता हुआ सा ही दिखाई पड़ेगा। कविता किसी पलायन का नाम नहीं है, वरन् सहजता और सजगता से जो साथ व्यतीत हुआ है उस अनुभव को समाज की पृष्ठभूमि पर निष्पक्ष होकर बिना किसी आडम्बर के कागज़ पर उतार देने का ही तो नाम है।

ये काव्य-यात्रा जिसमें पिछले लगभग 20 वर्षों से विराम लगा हुआ था, अमेरिका आकर एक बार फिर से शुरू हुई अन्तर्राष्ट्रीय हिन्दी समिति के साथ, जब आरम्भिक 2000 के वर्षों में पहले स्थानीय कवि-सम्मेलन का आयोजन मैंने स्थानीय शाखा के सचिव के रूप में करवाया था, कार्यक्रम का आयोजन हुआ सत्यनारायण मन्दिर के प्रांगण में, और संचालन में मेरा हाथ बँटाया मन्दिर के पुजारी और साहित्य के ज्ञाता शास्त्री जगदीश त्रिपाठी ने। वर्षों के बाद पहली कविता लिखी और कार्यक्रम के अन्त में मेरा काव्य-पाठ हुआ, कविता पढ़ने के बाद पूरे कक्ष में लगभग 30 सेकंड के लिए सन्नाटा छाया रहा। मेरी बेचैनी को दिलासा तब मिली जब तालियों की गूँज से मेरी कविता को उपस्थित सुधी कवि और श्रोतागणों की स्वीकृति मिली। बाद में मुझे बताया गया कि वो कविता इसलिए सबको बहुत पसन्द आयी क्योंकि कविता साहित्यिक थी और साथ ही उन सबसे अलग थी जो सभी लोग अब तक सुनने के आदी थे। इसी प्रतिपुष्टि को आपसे बाँटने के लिए इस अनुभव का जिक्र यहाँ किया और तब से आज तक कोशिश की है नजरिया अलग रख कर देखूँ और लिखूँ। कहाँ तक सफलता

मिली है, ये सब आप लोगों के स्नेह मिलने पर ही अवगत होगा।

'फिर वसन्त आये...' मुख्यतः गीत और मुक्तक संग्रह है। गीतों और मुक्तक मोतियों की प्रेरणा साधारण दिनचर्या और जन साधारण से ही मिली हुई है, इसलिए इस संग्रह में ऐसी अनेक कविताएँ मिल जायेंगी जो हम सबकी दिनचर्या से सम्बद्ध होती हुई प्रतीत होंगी। गीत लिखने की विधा अपने आपमें अनूठी है। गीत अभिव्यक्ति के लिए विशेष मायने रखते हैं जिसे समझने के लिए स्वर्गीय पं. नरेन्द्र शर्मा के शब्द उचित होंगे, 'गद्य जब असमर्थ हो जाता है तो कविता जन्म लेती है। कविता जब असमर्थ हो जाती है तो गीत जन्म लेता है।' गीत के विभिन्न रस इस संग्रह में पिरोये गये हैं। मुक्तक काव्य की वह विधा है जिसमें कथा का कोई पूर्वापर सम्बन्ध नहीं होता है, प्रत्येक छन्द अपने आपमें पूर्णतः स्वतन्त्र और सम्पूर्ण अर्थ देने वाला होता है। इस विधा के पचास के ऊपर चुने हुए गुलदस्ते इस संचयन में शामिल हैं और आशा है आप सभी को इस चमत्कारिक काव्य शैली के रसास्वादन से अभिभूत करने में अवश्य समर्थ होंगे। साथ ही, इस संग्रह में कुछ ग़ज़लों और आज़ाद अश'आर को भी जगह दी गयी है। ग़ज़ल के सन्दर्भ में इतना ही कहना चाहूँगा कि बह्र की जानकारी मुझे बहुत नहीं है लेकिन इनमें मतला, मक़्ता, रदीफ और काफिये के साथ मात्राओं और गेयता का ध्यान पूरी तरह रखा गया है। साथ ही जिस परिवेश में ये ग़ज़लें लिखी गयी हैं उसको ध्यान में रखते हुए जानकार लोगों से अनुरोध रहेगा कि बारीकियों की उपेक्षा करते हुए काव्यतथ्य को अपनी स्वीकृति अवश्य प्रदान करें। इस संकलन के माध्यम से मैंने अपनी अनुभूतियों और संवेदनशीलता को गीतों, मुक्तक मणियों और ग़ज़ल/नज़्म में पिरो कर समाज से संवेदनात्मक रूप से जुड़ने का अभिप्राय भी ढूँढ़ा है, आशा है इस प्रयास को पाठक लोग अवश्य पसन्द करेंगे।

खुशनुमा जब लोग मिलते ज़िन्दगी के सफर में
उम्र के गलियारे में दो फूल खिल जाते हैं और।

इस यात्रा में अनेक ऐसे लोगों का स्नेह मिला जो प्रेरणा का स्रोत बने रहे, या किसी भी रूप में सकारात्मक ऊर्जा का प्रवाह करते रहे। इसकी शुरुआत हुई न्यू यॉर्क में गीतों के शिखर-पुरुष पद्मश्री गोपालदास नीरज के सान्निध्य और आशीष, साथ ही प्रिय मित्र और छोटे भाई सर्वेश अस्थाना से। और इसके साथ ही सिलसिला शुरू हुआ हर साल भारत से आमन्त्रित किये हुए जाने माने कवियों

के काव्य-पाठ आयोजन, प्रबन्धन और मैत्री व अन्तरंगता का। इस शृंखला में जो नाम जुड़े उनमें सबसे पहले नाम आता है डॉ. कुँअर बेचैन का। मेरी पहली मुलाकात में नहीं मालूम था कि संकोची स्वभाव वाले इन संवेदनशील व्यक्ति का मेरे जीवन पर इतना गहरा असर पड़ेगा। कुँअर जी आज भी मेरी प्रेरणा के स्रोत हैं और आगे भी रहेंगे। इस पुस्तक की प्रकाशन प्रक्रिया में कुँअर जी का प्रेमवत व व्यावहारिक परामर्श, मार्गदर्शन और उत्साहवर्द्धन का सदैव ही ऋणी रहूँगा, विशेष रूप में अचानक आयी हुई पारिवारिक परेशानियों के उपरान्त भी स्थिर चित्त से सदैव ही साथ जुड़े रहे।

ज़िक्र करना एक का क्या, लूँ सभी के नाम,
या भेज दूँ खुशबू भरा, हर प्यार को सलाम।

कुछ ही और नाम यहाँ लेना सम्भव होगा और वो नाम हैं—दादा सोम ठाकुर, बड़े भाई और मार्गदर्शक डॉ. सुरेश अवस्थी, डॉ. विष्णु सक्सेना, सर्वेश 'लाला' अस्थाना, मनोज कुमार मेरठ, सरिता शर्मा, सूर्य कुमार पांडे, सरदार मनजीत सिंह, रमेश शर्मा और आसकरन अटल जिनका योगदान किसी न किसी रूप में इस प्रवाह में रहा है। साथ ही अमेरिका में रहने वाले कुछ मार्ग-दर्शक और मित्रों के नाम का ज़िक्र आवश्यक है जिनके बिना यह कृति शायद यथार्थ का रूप न ले पाती, इनमें हैं—डॉ. बिन्देश्वरी अग्रवाल, डॉ. विजय मेहता, सुषमा कौशिक, आलोक मिश्र, डॉ. राम जी सेठी 'माहताब', रानी नगिन्दर और इस काव्य-यात्रा में सहयात्री मित्र—जसविन्दर ढिल्लो, रणबीर कुमार, जगजीत सिंह, स्वदेश राणा, अशोक व्यास, अनिमेष चन्द्र 'माहताब', और मीना शाह के नाम उल्लेखनीय हैं। इसके अलावा ग़ज़लकार आलोक श्रीवास्तव का भी आभारी हूँ उन्होंने इस पुस्तक के प्रकाशन में अपनी बहुमूल्य राय दी और सही रास्ता दिखाया। वाणी प्रकाशन के प्रबन्ध निदेशक अरुण माहेश्वरी के लिए विशेष आभार जिनके सहयोग, मित्रवत व्यवहार और मार्गदर्शन के फलस्वरूप ही 'फिर वसन्त आये...' पाठकों तक पहुँच रही है।

मेरे अपने परिवार से, पिता श्री गयाप्रसाद सिंह, माता जी श्रीमती लीलावती—जो सितम्बर 2016 में हम सबको छोड़कर ईश्वर के पास चली गयीं, और बहनें—प्राचार्या प्रतिमा सिंह, डॉ. प्रमिला सिंह और अनुज अरविन्द सिंह, जो सदैव ही कुछ नया लिखने के लिए प्रेरित करते रहे और किसी न किसी रूप में मेरे मानसिक धरातल को पुष्ट करते रहे।

अन्त में यही कहना चाहूँगा कि अब तक जो भी भावनाओं के उद्‌गार काव्यरूप में मुखरित हुए, वह सबके सब आप लोगों के समक्ष इस काव्य संकलन में प्रस्तुत हैं। आशा है आप इस संग्रह की कविताओं के मर्म से जुड़ेंगे। इसी उम्मीद के साथ...।

जनवरी 26, 2017 **अशोक सिंह**

न्यू यॉर्क (यू.एस.ए.)

अनुक्रम

गीत

स्वागतम, स्वागतम, स्वागतम...!

इस हृदय से हमारे सहस्त्रों नमन!
स्वागतम, स्वागतम, स्वागतम...!
भजनम, वंदनम, स्वागतम...!
स्वागतम, स्वागतम, स्वागतम...!

फूल इठलाये, इतरायी हैं तितलियाँ
खग उड़ें पंक्ति में, गायें रागिनियाँ
मन प्रफुल्लित बिखेरे हुए हैं सुमन
स्वागतम, स्वागतम, स्वागतम...!
स्तोत्रम, प्रियम, स्वागतम...!
स्वागतम, स्वागतम, स्वागतम...!

सन्ध्या की भी अजब आज है लालिमा
चन्द्र देखे कनखियों से, बाँधे समा
आज सुमधुर लगे वाद्य की हर तरंग
स्वागतम स्वागतम स्वागतम...!
स्मरणम, विनीतम, प्रियम...!
स्वागतम स्वागतम स्वागतम

कौन आता किसी के लिए कब-कदा
आये हो, अब रहोगे हृदय ही सदा
जीते मन इसलिए, आज अर्पित नयन
स्वागतम स्वागतम स्वागतम...!
उपासनम, पूजितम, देवी मम...!
स्वागतम स्वागतम स्वागतम...!

मैं नशे में हूँ

इसलिए ही,
मैं नशे में हूँ।

जब जगत में सर्वेपरि हों
मनुज के ओछे झमेले
घट रहा हो प्रेम हर दिन
बढ़ रहे संघर्ष, रेले
मन स्वयं पर कर रहा हो
विवश, बारम्बार अंकुश
विमुख इनसे हो सकूँ कब
जब इसी संसार में हूँ।

इसलिए ही,
मैं नशे में हूँ।

प्रेम की भी डगर पर चल
दुखों की ही खेप झेली
कौन वो इन्सान जिसको
बूझूँ, है ऐसी पहेली
मित्र, अग्रज, अनुज, परिजन
सभी की पहचान ले ली
स्वजन की माया घिरा
पर स्वयं पर ही भार मैं हूँ,

इसलिए ही,
मैं नशे में हूँ।

मोड़ लूँ कर्तव्य से मुख
हुआ सम्भव नहीं अब तक
हर कसम गांडीव की जैसे
दिलायी सखे ने रख
जगत के कुरुक्षेत्र में अब
विजय अभिलाषा नहीं है
पार्थ बन कर जिऊँ क्यों
कृष्ण का कोई न मैं हूँ,

इसलिए ही,
मैं नशे में हूँ।

एक धागे से बँधे विश्वास
की हर हद है देखी
टूटते जुड़ते हुए रिश्तों
की ज़द्दो-जहद देखी
दंभ, मिथ्या खोखले आदर्श
से दंशित और पीड़ित
हार कर जीता हूँ, अब पर
नहीं उस संसार में हूँ।

इसलिए ही,
मैं नशे में हूँ।

कुछ तुम्हारे चितवनों का रंग ढला है

कुछ रहा है अनकहा सा,
मन में मेरे
कुछ तुम्हारे चितवनों का रंग ढला है।

झुकी पलकों से निहारा
प्रेम के संकल्प साधे
ज्वार मन के मन में रखे
नयन भी अभिव्यक्ति आधे
आँख खोली, जब निहारा
रुक गया पल, समय की गति
राह कितने खुल गये जो
मन तुम्हारे जा के झाँके

दिव्य दृष्टि अगर मिलती,
दूर से ही भाव पढ़ता,
मन मेरा भी तुम को लेकर मनचला है।

प्रेम की प्रतिमूर्ति है पर
कौन सा रिश्ता बना लूँ
सौ हँसी की लूँ बलाएँ
थाह दिल की कैसे पा लूँ
यूँ समर्पण भाव की
संवेदना पायी है अक्सर
पर किसी की और धुन में
गीत अपना कैसे गाऊँ

कमल के आगोश में ज्यों
मधुप निश-भर,
हृदय तुम संग बावला सा हो चला है।

जब कभी भी प्रेम के
संसर्ग में बाधा रही है
प्रबल उद्यम लालसा, पर
मूक अहि* राधा रही है
प्रेम के प्रतिमान जब
संदर्भ बन के रह गये तो
व्याप्त तत्त्वों ने कथा
उन्मुक्त चाहों की कही है

सुभग इस उन्माद की,
या बेकसी की चटख से,
हवाओं का मर्म भी मादक, नशीला है।

---

*अहि = धरती।

मन भावन हिन्दी है

पूर्ण बनें हम जिसको पढ़ कर
भारती भाषाओं की ये सहचर
कर जाती जो मर्म को कोमल
वो मन भावन हिन्दी है।

राज करे जो मन पर निर्भय
भारत-भूषण हिन्दी है।

ये बच्चन की अलमस्ती है
ये दिनकर की रसवन्ती है
है प्रसाद की ये कामायनी
मैथिली भारत-भारती है

मान कर सकें जिस पर हम सब
वो जन भाषा हिन्दी है।

धर्म-जाति से परे हटाकर
सामासिक* संस्कृति जगाकर
मानवता का पाठ मनुज के
मन पर अंकित करती है

प्रेम कर सके जिससे दुनिया
वो मृदु भाषा हिन्दी है।
राज करे जो मन पर निर्भय
भारत-भूषण हिन्दी है।

*सामासिक = दो या दो से अधिक संस्कृतियाँ मिलकर एक हो जाने वाली।

बात गौर से विचारिये

बात से ही बात बने बात को सँवारिये
बात ये पते की, बात गौर से विचारिये।

बात आयी गयी ठहरी या बवाल बन गयी
बात जब चली तो तीर से कमाँ निकल गयी
बात बात में ही कभी बात भी है बन गयी
बात जब नहीं बने तो बात को सम्हालिये
बात ये पते की, बात गौर से विचारिये।

बात से ही तू तू मैं मैं की जबान, बोलती
दुश्मनी की दास्तानें बात से रुख मोड़तीं
बात जब बिगड़ने लगे, मेरी बात मान कर
ठहरिये और ठिठकिये माहौल आजमायिये
बात ये पते की, बात गौर से विचारिये।

बात में है बहुत गुन बात अगर तोलिये
सोच समझ और विचार कर के अगर बोलिये
बात से ही मित्र बनें, प्यार औ, दुलार मिले
बात चीत कीजिये और दिलों को सजायिये
बात ये पते की, बात गौर से विचारिये।

बात से ही बात बने बात को सँवारिये
बात ये पते की, बात गौर से विचारिये।

हूँ मैं कौन?

क्षण भंगुर पंजर के वाहक,
भ्रम में अब तक जीते आये।
अविरल जीवन के सब ग्राहक,
मन से मन को हरते आये।

सहज पवन में डग-मग, मद्धिम
सुखमय नौका चलती रहती।
अल्प दुखों की चुभन कदाचित
आती रहती, जाती रहती।

बीती कितनी ऋतु वसन्त की
बीते कितने सुखमय साल।
सात सुखों* के इस समुद्र में
इक दिन टूटा भ्रम का जाल।

ज्ञान शिखा में प्राण पनपते,
ही सवाल उठते कुछ मौन।
अह वयं की ऊहापोह में,
पूछा आखिर हूँ मैं कौन?

सहज रूप से शृंग विराजित
कर्मठता की मैं उपमा।

---

*उत्तर-पूर्व भारत में प्रचलित एक लोकप्रिय लोकगीत पर आधारित मनुष्य के जीवन में वांछित ये सात सुख : निरोग शरीर, धन-सम्पदा, दम्पति सुख, सुपुत्र, सुन्दर घर, सज्जन पुरुषों का साहचर्य और अनेक घनिष्ठ मित्र।

सांसारिक या अहं ब्रह्म हो
सब देखा, समझा अपना।

पर कल क्या था, सोच न पाया
कौन था मैं या फिर क्यों हूँ
सहज प्रतिष्ठित कर बैठा था
बरबस मैं दिखता ज्यों हूँ।

सतत रहा है 'मैं' सम्बोधन
बाल, युवा या वृद्धाश्रम।
'कौन' जुड़ा जब प्रश्न कोंचता
साथ युगल का होता दुर्गम।

असमंजस में अन्तर्मन की
तह में जा कर ली डुबकी।
नया एक व्यक्तित्व ढूँढ़ता
जिसमें अविरलता बसती।

परिभाषायें बदलेंगी, ज्यों ज्यों
जीवन पथ पर कदम चलेंगे।
आज सबल, सक्षम शरीर तो
अर्थ-सिद्धि की बाँग भरेंगे।

प्रश्न यही हैं, यही रहेंगे
समय न बदले इनकी रीति।
आज सरल, जो सार्थक लगती
कल जाने कैसी हो प्रीति।

कल की जर्जर काया में
क्या गूँजेगा उत्तर का मौन?
उम्र का सूरज ढलते ढलते
पहचानेगा आज का कौन?

लगता मेरे गीत किसी ने गाये हैं

लगता मेरे गीत किसी ने गाये हैं।
इसीलिए बिन मौसम बादल छाये हैं।

तिमिर बहुत गहरा है लेकिन,
जीवन भी उतना ही दुर्गम।
रात्रि प्रहर कटते जाते हैं,
बोझिल पलकें गिनती क्षण-क्षण।

आँखों में सपने कुछ-कुछ अलसाये हैं।
इसीलिए बिन मौसम बादल छाये हैं।

पतझर की ऋतु, कैसी ये ऋतु,
क्या बयार क्या पावस रुन-झुन।
कोपल, किसलय, कोकिल किलकिल,
कल की बातें, कल के ये दिन।

कुछ बेमौसम फूल यहाँ मुसकाये हैं।
इसीलिए बिन मौसम बादल छाये हैं।

जीवन कठिन दुखों की गागर,
संशयमय पनघट की हलचल।
जीवन डोर चलेगी जबतक,
कठिनाई पनपेंगी पल-पल।

खुशियों के ये अश्रु सहस भर आये हैं।
इसीलिए बिन मौसम बादल छाये हैं।

प्रेम-रहित नीरस जीवन यह,
किस पर मैं न्योछावर करता।
आस अभी तक लगी जहाँ पर,
उष्ण, शुष्क मरुस्थल मिलता।

मधुर मदिर के जाम कहीं छलकाये हैं।
इसीलिए बिन मौसम बादल छाये हैं।

कहो न, तुम फिर मिलोगे

चाह अब तक भर न पायी
रात वह फिर से न आयी
आस के बेकल कठिन पल
मचल कर देते दुहाई
प्रीत की पगडंडियों पर,
प्राण बन, तुम फिर चलोगे,
कहो न, तुम फिर मिलोगे।

ध्यान अब बरबस है आये
मन भ्रमित यूँ ही हो जाये
मूर्त या अध खुली पलकें
छवि यही मंजुल अब भाए
भावनाओं का बवंडर डोलता
चित्त भी अब है निरन्तर कोंचता
विजन मानस - भ्रान्त, मिथ्या
मन बसा, जग खोजता
क्या नहीं था, बीच अपने
मूल, भौतिक सुख औ' सपने
क्या पता था एक दिन बस,
रेत की दीवार जैसे तुम ढहोगे,
कहो न, तुम फिर मिलोगे।

मन सघन है, कोटि बिन्दु—
भावनाओं के भरे हैं

गहन अन्तर्जाल का वन
अनगिनत जाले बुने हैं
एक मद्धम रोशनी बन
द्वार तुमने खटखटाया
भंवर, मृगजल से परे रख
गले खुद मुझको लगाया

वार कर सर्वस्व तुमने
बन के जीवन गीत तुमने
एक तन मन जान कर के,
कहा था, संग सदा होगे,
कहो न, तुम फिर मिलोगे।

मिलन जब उत्कृष्ट था
तब दूर तो होना ही था
तीव्र मन की चाह मादक
भँवर में खोना ही था
क्यों नहीं यह मान लेते
मिलन का मत्त, मन समेटे
हुआ जीवन सार्थक मिल
तुम्हीं थे इसके रचयिते

भाग्य की बेबस लकीरें,
तर्क-संगत मन की पीरें
इस से स्वप्निल और क्या था?
आ कभी तुम ख़ुद कहोगे,
कहो न, तुम फिर मिलोगे।

एक भाव...

एक भाव झाँक कर
बाहर छटक आया
बन्द मन की इस पिटारी, में कोई सूराख है।

हर भाव, शब्द के तत्वों सम
बैठा था हृदय के खाँचों में
दारुण, करुणा या प्रेम युक्त
सब अपने अपने साँचों में
सुन्दर था सामंजस्य बना
हर राग जगह पर बना तना
अब एक कहीं से निकला है,
कल निकलेंगे ये ताँतों में
देख लो संयम भरा जी
अब दूर जाना चाहता है
भावनाओं में मिली, इसके अतृप्ति प्यास है।

एक समझौता हमारे
दो मनों के बीच था
बहुत हिस्से प्रेम आया,
अब दर्द असली मीत था
नियति में जो है न उसको,
भूल झूठी आस में गिर
फिर नहीं शुरुआत से
गाना नया कोई गीत था

देख लो इसमें निकल
आयी हैं कुछ चिंगारियाँ,
तुम समझते थे जिसे बस बुझ गयी सी राख है।

प्रेम झरना बहा अविरल
बहा था उन्मुक्त हो कर
दर्द उतना ही मिला, हर
दायरे से मुक्त हो कर
कसक ही अब तो धरोहर
शेष निधि अनुरक्ति की
अब न पालो कोई सपना
धार को विपरीत कर
कृपा उसकी पा चुके हैं
दर्द के हर रूप में जब
नहीं है औचित्य, जीने की वजह अब लाख हैं।

मान भी जाओ, जाने भी दो!

कब जाने फिर ये वक्त लौट कर आयेगा,
कब जाने फिर मनुहार कौन करवायेगा,
पल बीत न जाये इसका ही है डर मुझको,
कल क्या जाने दिन कौन अजूबा लायेगा!
मन जो आता है, आने भी दो!
पर मान भी जाओ, जाने भी दो!

दिन आते जाते, लाते यादों की झाँकी,
तुम रहे कभी या मैं ही भटका एकाकी,
अब बदली से है चाँद निकलने को आया
कह दो मन की, कुछ रह जाये न बाकी!
मन चंचल है, भरमाने भी दो!
यूँ, मान भी जाओ, जाने भी दो!

इनकी उनकी बातें सुनने में है क्या रस,
निर्लिप्त भाव से लेती है दुनिया सब रस,
जो खोया पाया, हार जीत वो अपनी थी,
न्योछावर हो, अपना भी लो तुम मुझको बस!
गीत प्रणय का, गाने भी दो!
और मान भी जाओ, जाने भी दो!

तुमने सदैव मुझसे माँगीं छोटी खुशियाँ,
दे न सका चाहीं मैंने जो सुख लड़ियाँ,

पर आज समय का उग्र चक्र झकझोर रहा,
जुड़ जाने दो हम दोनों की सतरंगी कड़ियाँ!
मीत मिले मन तन मिल जाने भी दो!
अब, मान भी जाओ, जाने भी दो!

देखो प्रात पुनः होता है

देखो सुबह सुनहरी नभ में,
व्यापक हुई सर्वथा जग में
हर अवयव संग खग कलरव, जाग्रत जीवन होता है,
देखो प्रात पुनः होता है।

कलियों, पल्लव को दुलराता
सब के घर-आँगन मुसकाता
नव नूतन सपनों की धुन्ध को स्वर्णिम पुंज से धोता है,
देखो प्रात पुनः होता है।

मेरा क्या, दिवस एक फिर से
अनुरक्ति रहित, जीऊँ जैसे
नैसर्गिक छवि की संसृति में, बस काँटा यही पिरोता है
देखो प्रात पुनः होता है।

दीपावली

दीप घर घर में जले हों
पुष्प हर मन में खिले हों
इस अमावस रात के जैसी न कोई बात हो।
दीपावली सी रात हो।

सूर्य का आशीष ले कर
जुगनुओं की दीप्ति ले कर
दीप लड़ियों से सुसज्जित आज सारे प्रान्त हों।
दीपावली सी रात हो।

तिमिर से संग्राम करना
नहीं मानव धर्म डरना
रौशनी बन निरीहों की राह में जो साथ हो।
दीपावली सी रात हो।

मन में संशय न रचे हों
मैल, रंजिश न बचे हों
भोर मन की चहकती, विद्वेष के न घात हों।
दीपावली सी रात हो।

एक गीत और कहो प्रेम का...

एक गीत और कहो प्रेम का, वसन्त का

साँझ की बयार में, बौरों की खुमारें
सुरमई लाली, उड़ते खगों की कतारें
थके हुए पुष्पों की बिखरी सुगन्ध
अलसायी आँखों की जगती उमंग

पास आओ तान छेड़ो प्रीत के प्रसंग का
एक गीत और कहो प्रेम का, वसन्त का

कोयल की कूक सी मीठी एक तान
छुपी छुपी, चंचल पर मादक मुस्कान
केसरिया रंग मिले साँझ के सुरूर
तितलियों से छुई-मुई मन के मयूर

प्यार में सराबोर साँसों की त्रिष्न का
एक गीत और कहो प्रेम का, वसन्त का

याद फिर तुम बहुत आये

उषा पट पर जब सुनहरी, किरण ने सपने दिखाये।
याद फिर तुम बहुत आये।

जब पड़ीं पावस फुहारें
मीत की मनहर गुहारें
सजल तन को तापती
विजन की ठण्डी पुकारें
उस घड़ी में सजन तुम बिन, आस भी कैसे लगाये
याद फिर तुम बहुत आये।

पवन सायं, नील अम्बर
चले सब उपवन डगर पर
फूल पत्ते भ्रमर तितली
थके हारे गुनगुना कर
पर अपरिमित चाह मेरी, मिलन की अग्नि जलाये
याद फिर तुम बहुत आये।

रात शीतल चाँदनी की
गीत की भी रागिनी की
चाँद तारे मिल सभी
अग्नि जलाएँ विरह की
जब अलगनी में कोई तारा, भोर का घूँघट उठाये
याद फिर तुम बहुत आये।

तुम कहो तो मान लूँ मैं

गीत की हर रागिनी के, शब्द सारे जान लूँ मैं
तुम कहो तो मान लूँ मैं।

तुम कहो तो याद के पल
आज या, गुजरे हुए कल
एक माला में पिरो कर
हसीं, वो उन्माद के पल
ज़िन्दगी को, उस खुमारी से नया अंजाम दूँ मैं।
तुम कहो तो मान लूँ मैं॥

करूँ सारी शर्त सब मंजूर
नहीं जाना कभी हमसे दूर
यदि बनो चन्दा गगन में
तो निहारूँ बन चकोर
दूरियाँ हैं, क्या गगन से हाथ तेरा माँग लूँ मैं।
तुम कहो तो मान लूँ मैं॥

सौम्य तन की धूप तेरी
शान्त मन की छाँव तेरी
इन्द्र को मदहोश कर दे
हृदय बसती गन्ध तेरी
इस समर्पण की घड़ी में, प्रेम-रस का पान लूँ मैं।
तुम कहो तो मान लूँ मैं॥

जो प्रतीत हो कब होता है

सबको मिलती दृष्टि एक कब
रहती सबसे सृष्टि एक कब
कुछ पा सब बाकी बस-कुछ, कुछ का जीवन बस रोता है।
जो प्रतीत हो कब होता है।

सपने निश्छल मानस मन के
सच होते, कब कितने जन के
एक सत्य से जीवन सार्थक, फिर क्यों मन सपने बोता है।
जो प्रतीत हो कब होता है।

जीवन सच या केवल भ्रम है
निर्विकार का बस अनुक्रम है
मृग-मरीचिका में सम्भ्रमित, जग को मानस क्यों ढोता है।
जो प्रतीत हो कब होता है।

भटकी हुई ज्यों नाव हो,
रांग भ्रमित अन्तर्भात हो,
हर साँस की दे कर दुहाई, सच के मग में क्यों रोता है।
जो प्रतीत हो कब होता है।

दिन मतवारे होली के

ऋतु वसन्त मद में बौरानी
कलियाँ भर पराग, दीवानी
मतवाले भौंरे इतराते
गुंजन के नव गीत सुनाते
हर टहनी सज देखे सपने
कर सिंगार सोलह बगियन में
झूमे पुरवाई संग, डोली के
दिन मतवारे होली के

ढोल मृदंग मँजीरे बाजे
गीतों की सरगम सुर साजे
बाल ग्वाल राधा औ कन्हैया
खेलें रंग, भरें अँगनैया
भये सयाने भंग में मगन
कमसिन डूबे प्रेम की लगन
मस्त सभी, अपनी टोली के
दिन मतवारे होली के

ऐसे दिन कब निशिदिन आये
जिनके आदि न अन्त दिखाये
सीख यही होली के रंग के
प्रेम, मिलन जीवन सतरंग के
समय नहीं इतना इस पथ में
विपुल, विरथ, चाहे जिस मग में
भूखे सब मीठी बोली के
दिन मतवारे होली के

कहूँ दिल की बात किस कर!

मैं रहूँ चुप सिवा उसके हर किसी से
मौन रह कर भी करूँ विनती उसी से
विवश असमंजस रहूँ जब भी अकेला
प्राण उसके बसे उर, मैं हूँ उसी से।
पर अलग कैसे रहूँ, उससे बिछुड़ कर,
कहूँ दिल की बात किस कर!

जानने से पूर्व मुझको चाहती थी
गन्ध मिस्री साँस मेरी जानती थी
फिजाँ मेरी इत्र से उसके महकती
मुझे मुझसे खूब वो पहचानती थी
साथ जन्मों जन्म का, फिर क्या स्वयंवर,
कहूँ दिल की बात किस कर!

नयन मेरे आसना में हैं उसी के
हृदय के आवेग में झरने उसी के
मरुस्थल सा हीन था सूखा सरोवर
आज उत्पल खिले तो सपने उसी के
चाह और आसक्ति में उसकी मैं जाऊँगा सँवर,
कहूँ दिल की बात किस कर!

लौट चलें...?

क्या करोगी लौट कर, क्या रखा उस पार में
कौन है जो राह जोये, दूर उस संसार में
कोटि लहरें कोटि साँसें गुजरी हैं उस प्रहर से
हाथ तुमने जब दिया था अपना, मेरे हाथ में।

प्यार कोई ऋतु नही, जो घूम, आये हर बरस
प्यार वो उपवन नहीं, जो खिले एक ही बार बस
ये तो वो वरदान है जो बिखरे अद्‌भुत रंगों में
स्वाद इसके सदा बदलें, ढूँढ़ते क्यों एक रस।

दर्द हमने सहे मिलकर, कभी ज़्यादा कभी कम
गिले शिकवे किये सारे, कभी मैं या कभी तुम
रीत कैसी ये निकाली, प्यार का इज़हार कैसा
भला कैसी ये मोहब्बत जिसमें आये मैं या तुम।

ये सिला भी देख लेंगे, दौर एक दिन गुज़रेगा
कल का होगा वो ज़माना, आज तो न रहेगा
जीत जाओ आज फिर, है मेरी बाजी ये नहीं
पर नाम मेरा और तुम्हारा साथ शाश्वत रहेगा।

द्वार बजेगी शहनाई

निश्छल सपनों की चुन कलियाँ, मधुरिम वेला आयी
प्रभु कृपा, स्नेह स्वजन से, द्वार बजेगी शहनाई।

तन-मन दोनों ही उत्सुक, आशीष आपका पाने को
स्वागत नयन बिछे हैं आओ, घर गूँजेगी शहनाई।

देव देवता भी हर्षित हो, हम पर आशिर्वृष्टि करें,
अनुनय मिलन हमारे घर में, मन गूँजेगी शहनाई।

माँ सुनाओ मुझे फिर कहानी

माँ सुनाओ मुझे फिर कहानी
जिसमें राजा हो न कोई रानी।

तुझसे हो कर जुदा कब रुके हैं
ये कदम भी तो अब थक चुके हैं
काश फिर से गले तू लगा कर
पहले सा पास अपने बिठा कर
करती बातें सुहानी पुरानी।

वो कहानी जो बिछुड़े मिला दे
रूठे हैं जो उन्हें फिर हँसा दे
बिखरी छितरी हुई ज़िन्दगानी
दे दे उनको नये फिर से मानी
है ये जीवन तभी कोई कहानी।

इस जनम की कहानी यहीं तक
दे दुआ जो रहे उस जनम तक
तेरा ही अंश बन के सदा मैं
आऊँ फिर लौट कर इस धरा मैं
ये कहानी न फिर हो पुरानी।

माँ सुनाओ मुझे फिर कहानी
जिसमें राजा हो न कोई रानी।

जन्मदिवस शुभकामनाएँ

मुखड़े की रौनक की बहाली सदा बनी रहे
गालों की लाली जैसे मला सा गुलाल हो।
सुन्दरता पर चार चाँद हर बरस लगते रहें
छवि का क्या कहना, उर्वशी सा हाल हो।

आपके जीवन में कुछ ऐसी खुशी बहाल हो,
हो उम्र लम्बी पर न एक भी श्वेत बाल हो।
प्रभु करे स्मरण शक्ति ऐसी कुछ बनी रहे,
रहे जन्मदिवस याद, याद पर न साल हो।

सत्तर बरस, अनगिनत घड़ियाँ

सत्तर बरस, अनगिनत घड़ियाँ
सुन्दर सजी सहस्रों लड़ियाँ।
कर्मठता की डगर छोड़ अब।
जोड़ीं प्रेममयी सब कड़ियाँ।

प्रेम प्रगाढ़ भरे बन्धन हैं।
फूले-फले है यही कामना॥
आनन्द मय ये प्रहर सुनहरा।
शाश्वत रहे, है यही प्रार्थना॥

छोटी सी पर सकल ये दुनिया
सुन्दर सजी सहस्रों लड़ियाँ॥

माँग रहे सब पानी पानी

पशु पंछी हर जीवित प्राणी
मानस सारे हिन्दुस्तानी
प्यासी आँखों से नभ ताकें
माँग रहे सब पानी पानी

किसके कर्मों का यह फल है
अपने घन में ही न जल है
त्राहिमाम क्या मचने वाली
लगता कल का पूरक जल है

पावन सप्त नदी धारायें
माता बन आशीष जतायें
तीन ओर सागर संरक्षण
जल से पर संतप्त दिशाएँ

एक तो उठे बदली न्यारी
हिम-गिरि से टकरा जो प्यारी
जल संचित कर वापस आये
प्यास बुझाये भू की सारी

क्या कह दूँ उनके स्वागत में

न्यू यॉर्क में आयोजित कवि सम्मेलन में भारत से आये अतिथि कवियों के सम्मान में लिखी हुई कविताएँ

जीवन की विषम दिनचर्या से निकल कर काव्य की सौम्य, नरम पर जागरूक दुनिया में आने के लिए पुनः आप सब का स्वागत है।

क्या कह दूँ उनके स्वागत में
सागर को क्या नीर पिलाऊँ
सूरज को क्या दीप दिखाऊँ
चाहूँ क्या, क्या न कर जाऊँ
हरि कुछ करो, हरो मेरी दुविधा
दे दो स्वागत स्वर आगत में
जो कह दूँ उनके स्वागत में

और हरि ने एक बार फिर से दुविधा हरने में मदद की, और कवियों का स्वागत कुछ इस तरह करवाया...

2016 - आशकरण अटल, सूर्यकुमार पाण्डेय, रमेश शर्मा

आशकरण अटल हैं हास्य कवि शिरोमणि
हँसी की बौछारों से भिगो के हमें जायेंगे

सूर्यकुमार पांडे जी फेंकेंगे नवाबी दाँव
व्यंग्य की चुभन से अचम्भित कर जायेंगे
रमेश शर्मा गीतों में प्रेम के रंग डाल

गीत-ग़ज़ल गरिमा से सबको लुभायेंगे

अर्चना के होंठों से फूटेंगे मधु गान
श्रोता बैठे आनन्द से मन्द मुसकायेंगे

स्वागत में कवियों के मेरे ये गीत-भाव
आशा है आप को पसन्द खूब आयेंगे

आवभगत करने में मेरी और आप की
तालियों की गूँज से मन इनके छू जायेंगे

2015 - अरुण जेमिनी, ऋतु गोयल और वेद प्रकाश वेद

ताऊ हरयाणवी की, ज्ञान शिखा ऐसे जले,
श्रोता जन अट्टहास कलश पे सवार हो
ऋतु जी की सौम्य-सरल, भाव अनुभूति तरल
हिय बसें गीतों ग़ज़लों की फुहार हो
वेद जी का कविधर्म, व्यंग्य और हास्य-मर्म,
पैनी 'हँसी खेल'* जैसी तीखी कटार हो
गीत छंद हास्य रंग, आज संग इस तरंग,
पहले हुई न ऐसी काव्य की बौछार हो।

2014 - प्रदीप चौबे, आलोक श्रीवास्तव, सर्वेश अस्थाना

चौबे जी की भीमकाया, बैठ हास्य-तीर पर,
जाके ऊँचे अट्टहास शिखर सवार हो

आलोक के भावों से, महक उठे सारे रिश्ते,
मातृ दिवस ममता भरा हो, दुलार हो

---

*हँसी खेल = वेद जी की प्रकाशित पुस्तक।

सर्वेश की गरुड़ दृष्टि ऐसी करे व्यंग्य वृष्टि
पप्पू से बहनजी तक सबकी पुकार हो

गीत छन्द, हास्य रंग आज संग चहुँ ओर,
पहले हुई न ऐसी काव्य की बौछार हो।

2013 - कुँअर बेचैन, सुरेश अवस्थी और दीपक गुप्ता

कुँअर जी के सुर-मय, गीतों की अशर्फियाँ,
ऐसे झड़ें जैसे बस कुबेर का भंडार हो

दीपक जी के हास्य-दीप, पर दुखी मन पतंग,
जले जैसे उसे जान से भी न प्यार हो

सुरेश जी के काव्य-छन्द, मन में लिए तरंग,
हँसी की गुद-गुदी, संग व्यंग्य वार हों

गीत छन्द, हास्य रंग आज संग चहुँ ओर,
पहले हुई न ऐसी काव्य की बौछार हो।

2012 - गजेन्द्र सोलंकी, सरिता शर्मा और संजय झाला

घनन घनन गरजे गजेन्द्र, संग मधुर सुघर
गीत और वीर रस की फुहार हो

संजय उवाच बने कृत दृष्टि हम सबकी,
ऐसी करारी सी व्यंग्य की मार हो

सरिता की कल कलल कर दे मन तरल
ऐसे गीत और ग़ज़ल की फुहार हो

गीत छन्द, हास्य रंग, आज संग चहुँ ओर
पहले हुई न कभी ऐसी बौछार हो।

2011 - सर्वेश अस्थाना, विष्णु सक्सेना, प्रवीण शुक्ल

शब्दों का ही फेर है, प्रेम पीर सम्मान,
मोती हिय से पिरा तो तीन लोक गुण-गान!

फिर वसन्त आये...

सहमा सहमा ये जीवन पथ कुछ यादों के उजियारे हैं
कुछ धुँधली-धुँधली भोरें हैं कुछ शामों के अँधियारे हैं
कुछ साँसें लेती बस्ती हैं, कुछ मस्ती में कुछ सुस्ती में
जीवन नैया है डोल रही, मँझधार कहीं या किनारे हैं।

ये मरुःथल सा सूखा जीवन, कब फिर बदलेगा सावन में,
फिर वसन्त आये...

उपवन में किसलय आतुर हैं, फिर से खुल मुस्काने को
कलिका भी कल इतरायेगी, दिन दूर नहीं वो आने को
ऋतु आती है ऋतु जाती है, धरती हँसती, मनुहारती है
पर हम एकाकी तरस रहे, भँवरें का गुंजन गाने को ।

सुन्दरता सुन्दर लगती हो, ऐसा हो मन की बगियन में,
फिर वसन्त आये...

मन प्रबुद्ध है, सब सुविधाएँ, क्या है ऐसा जो नहीं मिला
सुन्दर आँगन, सुन्दर बगिया है कौन पुष्प जो नहीं खिला
भौतिक सुख से तन सराबोर पर, मन बंज़र धरती सा है
ग्यानी ध्यानी सब हम में ही, पाता पर कोई नहीं सिला

प्यारी दुनिया छोटी छोटी, बाँटो सब, मन आँगन में,
फिर वसन्त आये...

ठहरो भाई, कुछ सोचो, हम तुम से ही सब आया है
हम में तुम में ही नहीं बनी ये कैसा खेल रचाया है
कैसी विडम्बना, पागलपन जिसको हमने जितना चाहा
ईश्वर साक्षी उनका मेरा, उसको उतना ही रुलाया है।

बाँटो खुशबू सबसे-मुझसे, अनगिनत फूल दो खिलने
फिर वसन्त आये...

सब कुछ-कुछ बदला सा है

समय के फेर में क्या कुछ नहीं बदलता है, वियोग में बदलाव कुछ ज़्यादा ही मन को चुभते हैं। ऐसे में अगर वो मिल जायें जिनसे सारे गिले-शिकवे किये जा सकें तो, जैसे आग में घी काम करती है वैसे ही मन के गुबार निकलने शुरू हो जाते हैं...!

दीपों के ही फूल खिले हैं,
हर घर आँगन मीत मिले हैं,
धरा पहन स्वर्णिम आभूषण, कैसा ये जलसा सा है!
सब कुछ-कुछ बदला सा है।

कितने अरसे बाद मिले हो,
मन से बाहर तुम निकले हो
कितने सावन, पतझर, मौसम, सब बेमानी बीता सा है!
सब कुछ-कुछ बदला सा है।

मैं ऊपर से इनसान वही,
चेहरा वो, मुस्कान वही,
पर अन्तर्मन की दबी कूक में, दर्द तुम्हारे जैसा है!
सब कुछ-कुछ बदला सा है।

रात्रि प्रहर की बात न छेड़ो
या दिन की सौगात न छेड़ो
रातों क्या अब दिन में भी, जीना मुश्किल सा है!
सब कुछ-कुछ बदला सा है।

भरी दोपहर श्राप बन गयी
दिनचर्या सन्ताप बन गयी
सुबह शाम की उलझन में सब कुछ उलझा सा है!
सब कुछ-कुछ बदला सा है।

माया मोह छोड़ न पाया
तुमसे भी मुख मोड़ न पाया
मरते जीते सोते जंगते, देखा इक सपना सा है!
सब कुछ-कुछ बदला सा है।

जीता फिर मैं किस उमंग में
कटता जीवन किस तरंग में
अपने में कुछ ढूँढ़ सका न, जो भी चाहा तुम सा है!
सब कुछ-कुछ बदला सा है।

बदला अन्दर का इनसान,
तुमसे थी जिसकी पहचान,
जो तुमने देखा जाना, क्या अब भी वो वैसा है!
सब कुछ-कुछ बदला सा है।

मौसम बदले इससे पहले,
कदम डगमगे इससे पहले,
सम्हला गिर पहले भी पर अब उठना मुश्किल सा है
सब कुछ-कुछ बदला सा है।

साथ कैसे छोड़ दूँ मैं?

प्रेम की चल डगर में संग, राह कैसे मोड़ दूँ मैं?
साथ कैसे छोड़ दूँ मैं?

प्रीतम, प्रीत प्रेम से आगे
बन्धन हैं पर, कच्चे धागे
प्रेम भँवर जा गहरे पैठे
उद्धृत मन अब कैसे भागे
रग रग रंग गयी प्रेम चुनरिया, धागा कैसे तोड़ दूँ मैं?
साथ कैसे छोड़ दूँ मैं?

दास-भक्ति सम प्रेम सिखा कर
कान्ता प्रेम की राह दिखा कर
काम, काम से निकल सुधा-मय
छितरे मन सर्वस्व पिला कर
धड़कन बनी चाप कदमों की, आँख कैसे खोल दूँ मैं?
साथ कैसे छोड़ दूँ मैं?

न मैं तुम, न प्रेम त्रिवेणी
तुम मय मैं, तुम मेरी वेणी
पैठे गहरे आदि-अन्त अब
मन्थन करते बिन्दु-त्रिवेणी
प्रेम जाप की महक फैल गयी, वास कैसे छोड़ दूँ मैं?
साथ कैसे छोड़ दूँ मैं?

क्यों जिएँ न ज़िन्दगी अभी

सब कुछ लुटा के बैठे हैं,
पर हौसला नहीं,
गर ज़िन्दगी है बोझ, तो
फिर भी गिला नहीं
कदम से मिला कदम
क्यों जिएँ न ज़िन्दगी अभी
है सागर-ओ-मीना मेरे आगे...!

सौ वारदातें, ज़ख़्म मिले
इस दिल से पूछिए
दुनिया जहान से मिली
ठोकर भी देखिए
कुछ खुश मिजाज़ हूँ
मगर कुछ बदगुमाँ भी हूँ
गैरों से मिले दर्द, क्या
अपनों के पूछिए

चाहे हज़ार फिक्र हों
फुर्सत से फिर भी हम
सौ गम के बदले जब मिला
बस उसका एक करम,
क्यों जिएँ न ज़िन्दगी अभी
है सागर-ओ-मीना मेरे आगे...!

किस किस की आजमाइश
किस किस के पैंतरे

यूँ ख़ुशगवार दिलों ने
छले दिल के हर जर्रे
पर कोई तो था साथ
जो देता रहा सुकून
गर ख़ाक भी हुए तो
न मिटने दिया जुनून

निकले थे बार बार
ले चिंगारियों से शय
फिर क्यों न हवा दें
चढ़ें परवान हर तरह
क्यों जिएँ न ज़िन्दगी अभी
है सागर-ओ-मीना मेरे आगे...!

शायद कोई रूहानी शय
भी अपने साथ है
आये बला के वलवले
पर महफ़ूज़

ख़्वाब है
जज़्बों में, ख़यालों में
कई बार यूँ हुआ है
पाया कि खुद को सुर्ख
जहाँ आसमान है

ग़म से दूर अपनी
खुदी, अपनी बात है,
जीने की धुन में मिली
ख़्वाहिशों की वास है।
क्यों जिएँ न ज़िन्दगी अभी
है सागर-ओ-मीना मेरे आगे...!

सब को खुश करना मुमकिन

सब को खुश कर, ना-मुमकिन
दुनिया में क्या ना-मुमकिन,
खुद के बूते जब चलना
राह कठिन पर क्या डरना
चलता जा तू रात और दिन,
सब को खुश कर, ना-मुमकिन

मन में कितनी भँवरें हैं
लोग भी उथले गहरे हैं
जितने मन उतनी बातें
सब के कितने चेहरे हैं।
मिलना तू सब से हँस कर
रहना तू सबसे बच कर
आगे बढ़ते ही जाना है,
पहुँचे जब तक नहीं शिखर।
मंज़िल को ही ध्यान में रख
माना यह है बहुत कठिन
सब को खुश कर, ना-मुमकिन

सौ मुँह सौ बातें होंगी
धूप भी बरसातें होंगी
इनसे क्या हमको करना
जग, सौ सौगातें होंगी।

नहीं उठाना उँगली पर
भला बुरा जैसा जो कर
तेरी सोहबत जो आये
अपने मन सा निर्मल कर।

रख तेरा मन बाँध सभी से,
मिल जाये दिल की धड़कन
सब को खुश कर, ना-मुमकिन।

हर चेहरे में ज़ीनत है
सब में जीने की लत है
कुछ ऐसे भी लोग मिलेंगे
जिनकी चुभन असीमित है।
ऐसों से रहना निश्चल
ज्यों पानी बिच रहे कँवल
सबकी सुन मन की करना
फाँस खरोंच न लेना दिल।

एक पुरुष ही दुनिया में,
तू कान्ता बन या मीरा बन
उस को खुश करना मुमकिन
फ़िर दुनिया में सब मुमकिन।

मेरा भारत महान : एक और नज़र

'अनेकता में एकता' के गूँजते हर तरफ गान
सर उठे सबका, हमारा गर्व से हो यही भान।
गीत सतरंगी हमारे, ग़ालिब और टैगोर के,
एक भारत है हमारा, एक ही सबका है मान।

आज हैं कमजोरियाँ हममें बहुत, माना सही
कल की पीढ़ी से मिला जो बस वही माना सही।
वो भी मारे थे बेचारे नोन लकड़ी तेल के,
हम कहें कैसे कि उनकी सोच ऐसी क्यों रही।

बदलती हैं रीत सारी, आज कल या लगे परसों
जड़ें इनकी अगर गहरी, कभी लगते शायद बरसों।
मन का लालच, घृणा तृष्णा और भी होतीं प्रबल,
आधी जनता भूख से हर रात न जब पाये सो।

हम भी तो अब आ खड़े उस अहं जीवन मोड़ पर
एक पीढ़ी खड़ी आगे युव-अवस्था छोर पर।
मार्ग दर्शन हम करें या माप दण्ड बना के दें,
एक मौका मिला हमको, चल न देना छोड़ कर।

एक से ही शुरू होता कोई अच्छा चलन, काम
मिल सँवारे युवा ताकत, मार्गदर्शन दे के मान।
प्रगति हम ने करी है पर जूझ कर संघर्ष कर,
आने वालों के बना दें रास्ते सुखमय, आसान।

मत न देना ढील इस उन्माद में, उत्सर्ग में
राह थी ये कठिन, धुँधलापन अभी भी क्षितिज में
पर, आ खड़ा भारत हमारा अग्रजों की पंक्ति में
शीघ्र ही फिर कह सकोगे 'है मेरा भारत महान'।
शीघ्र ही फिर कह सकोगे 'है मेरा भारत महान'।

जय हिन्द

प्रभु तुम पथ हो या मंज़िल हो?

प्रभु तुम पथ हो या मंज़िल हो?

यदि तुम पथ तो हम सब राही
'चरै-वयति' की नियति के वाही
चलना होगा हम सबको ही, काया जर्जर हो, निर्मल हो!
प्रभु तुम पथ हो या मंजिल हो?

यदि तुम पथ तो हम सब जोगी
जबरन साधक मूक वियोगी
हिमगिरि शीत विषम सरणी चल, काया मनु की गलती हो!
प्रभु तुम पथ हो या मंज़िल हो?

यदि तुम पथ तो ऐसा कर दो
मानस जीवन को ये वर दो
तुमसे जो पथ, बन वो पत्थर तुम में ही हम मूलक हो।
प्रभु तुम पथ हो या मंज़िल हो?

यदि मंज़िल, तो मत भटकाओ
चक्रव्यूह में मत अटकाओ
जीवन माया गुत्थी सुलझे, तुम में शाश्वत शामिल हो!
प्रभु तुम पथ हो या मंज़िल हो?

तुम मंज़िल तो, कभी पिता बन
राह दिखाओ, निर्गुन या गुन
गुरु की भाँति कभी तो उँगली पकड़ो, जीवन सार्थक हो!
प्रभु तुम पथ हो या मंज़िल हो?

तुम मंज़िल तो मंज़िल पथ बन
निहित करो, दो व्यापक दर्शन
मंज़िल में पथ, पथ में मंज़िल, अहं ब्रह्म में शामिल हो!
प्रभु तुम पथ हो या मंज़िल हो?

चलो एक कप चाय हो जाये

मिल बैठे सब, क्यों हैं गुमसुम
चलो एक कप चाय हो जाये

बैठे हैं तरंग'* के तट पर
गीत छन्द के भावों बह कर
जीवन में ऐसे भी क्षण आते
मिलते सब दुविधाएँ तज कर
आज दुपहरी सजी हुई है
लेना देना सब कुछ मिल कर,
चुस्की कविता की हो या फिर
कुछ प्रसंग की बात हो जाये
चलो एक कप चाय हो जाये

मन के सुन्दर सब हैं मोहक,
साथ मिले तो मिले मनोरथ
दुख का क्या, है आता जाता
सुख तो अक्सर आँख मिचाता
भाँप सके हैं कब जीवन में
मीठा तीखा कब क्या आता,
छोड़ो इसे, पकौड़ी मिर्ची—
'चुस्की' गरम साथ हो जाये
चलो एक कप चाय हो जाये

---

* तरंग = न्यू यॉर्क, अमेरिका में आयोजित नियमित काव्य-गोष्ठी कार्यक्रम।

हमने भी तो ऐसी ठानी
बोलेंगे बस मीठी बानी
बिन्दु, व्यास, पूर्णिमा या फिर
सन्जू, मीना, धरम जुबानी
कमी नहीं सुन्दर लोगों की
किस किस की है बात सुनानी
दूर दूर से लोग आये हैं
खान-पान संग बात हो जाये
चलो एक कप चाय हो जाये

मिल बैठे सब, क्यों हैं गुमसुम
चलो एक कप चाय हो जाये

जो तुम आ जातीं एक बार...!

जो तुम आ जातीं एक बार...!
सुर-मय हो जाते मन के तार
प्यासी चितवन बोझिल आँखें
तन रोम - रोम करता गुहार
अतिप्रिया छवि को देख द्वार
मन करता मन से मनुहार
अँखियों से मादक नज़र डार
न्योछावर, कर सोलह सिंगार
मुझ-मय हो जाती सभी हार
कर इस जीवन का पूर्ण सार
जो तुम आ जातीं एक बार!

मन सिन्दूरी महका होता
गुल मन-आँगन चहका होता
सपनों की सेज से अलसाया
तन मद-उन्मत्त बहका होता
कब से चुप चाहें कुछ कहतीं
भावुक आहें न चुप रहतीं
सबकी गुहार करती द्योतित
बाँहें आलिंगन को उठतीं
देती तुम पर सर्वस्व वार
होतीं तुम, मैं, बस और प्यार
जो तुम आ जातीं एक बार...!

भाषा

जब हुई भावों की
धारा, चिर - प्रचुर
मौन की भाषा
अधर से बोलती है

मैं नहीं कहता हूँ ऐसा,
सारगर्भित मन नहीं है
अनकही सम्भावना से
या कहीं पुलकित नहीं है
देह की बातें भला कैसी
हैं जो मन ने न जानी
कौन ऐसा भाव है उस
अंक जो परिचित नहीं है

जब दिशामय हो
गहन गम्भीरता
अधर की भाषा
नयन से बोलती है

गूढ़ हो जब तिमिर तो
एक मन्द रश्मि आस देती
अन्यथा तो सघन घन की
कल्पना भी त्रास देती

यदि समन्वय हो सुखद
संसर्ग का बन्धन नहीं है
प्रज्वलित आशाएँ कदाचित
विरह में मधुमास देतीं

दृष्टि की सीमा
हुई जब भी चुनौती
नयन की भाषा
हृदय से बोलती है

मौन रह कर भी हुए हैं
शाश्वत संगम यहाँ पर
जागती आँखों ने अक्सर
देखे हैं सपने जहाँ के
कँपकँपाती उँगलियों की
एक भाषा और भी है
स्पर्श से उत्कर्ष तक की
कोई परिभाषा न है पर

अन्तःमन का मेल
जब सम्पूर्ण हो
हृदय की भाषा
नयन से बोलती है

निवृत्त हुए कार्य-काल से

छूटे दिनचर्या बन्धन से,
आज हुए वो साठ साल के।
अब निवृत्त हुए कार्य-काल से।

न होगी अब जल्दी सरपट
काम पे जाने की वह झट-पट
कंघा, दाढ़ी, खाओ, भागो
देर हो गयी, रोज़ की खट-पट
अब तो सब दिन सुबह सुहानी
न चिन्ता, न कोई कहानी
अलसाई सी कभी, कभी तो
गरम चाय की चुस्की छानी
सजे हैं कुर्ते पायजामे में
ऊपर से इक शाल डाल के,
आज हुए वो साठ साल के।
अब निवृत्त हुए कार्य-काल से।

अब तक रहे, बँधे बन्धन से
काम, समय, सौ अनुशासन से
पत्नी, बच्चे, भाई, भतीजे
कैसे सुनते सबके किस्से
अब सबको ही समय मिलेगा
दिन का ज्यों आकार बढ़ेगा

होंगी सबसे मीठी बातें
दिल से दिल का प्रेम बढ़ेगा
लम्बी सुबहें, शाम और रातें
बीतेंगे अब दिन फुर्सत के,
आज हुए वो साठ साल के।
अब निवृत्त हुए कार्य-काल से।

गुड्डू की गुड़िया के संग अब
गुड़िया की तुतली बोली सब,
आत्मसात मन कर पाएगा
बेटा, बेटी, मूल, व्याज, रब
मित्र सभी घर अब आएँगे
मन जब हो बाहर जाएँगे
जीवन के इस नव-पड़ाव पर
जीवन-प्यार पुनः पाएँगे

कल की उपलब्धियों से गर्वित
संशित आने वाले कल से
आज हुए वो साठ साल के।
अब निवृत्त हुए कार्य-काल से।

पास आ कर सौम्य निकले

स्वप्न के सब ताने-बाने
मनुज मन ने जो बुने वो,
पास आ कर सौम्य निकले।

दूर से कुश हरित दिखते
दूर के धोलक सुहाने
दूर जब कोयल कुहुकती
चहके मन कितने न जाने।
किन्तु जब पहुँचो सतह पर
तब सहज विश्वास होता
मधुर थे, जो मनोहारी
विषम हैं, अहसास होता।
मधुर मनुहारी हैं यह पर
दूरी का सब अर्थ जानें।

मन नहीं चाहे स्वतः ही,
अन्तरंग हर व्योम निकले।
पास आ कर सौम्य निकले।।

दूर से सूरज चमकता
सृष्टि का जो प्राण धारक
चन्द्रमा भी दूर से ही
जलधि लहरों का संचालक।
टिमटिमा तारे गगन जो

स्वयं हों संसार सक्षम
पास जो यदि होते धरा तो
वायु जल न जीव धारक।

दूर की महिमा समझते,
सृष्टि के पालक निराले।
पास आ कर सौम्य निकले।।

दूर से इन्सान भी
दिखते अनूठे सभ्य सुन्दर
सहजता दिखती सभी में
और प्रेम भाव परस्पर।
किन्तु जब भी जानने का
आया है अवसर अभागा
हर दुःखी मन आत्मा का
बोध होता है धरा पर।

सहज जीवन वही जीये,
सूक्ष्म सम्बन्धों न फिसले।
पास आ कर सौम्य निकले।।

प्रेम पनपा दो दिलों में
पास तब ही रास आया
दूर के चश्मे में जैसे
धुँधलका सा तब है छाया।
दो दिलों के एक होने में
समर्पण भावना जो
त्याग स्व का मोह जो
कर आया, ईश्वर रूप पाया।

प्रेम में हो कर समर्पित,
जो निराले डूब निकले।
पास आ कर सौम्य निकले।।

कल का कुछ ऐतबार नहीं है

आज और यह पल ही सच है
इसी से निकले राह नयी है
वर्तमान में जी लो बन्धु
कल का कुछ ऐतबार नहीं है।

पल क्या है, इक कलरव खग का
डगमग पग इस जीवन मग का
पल से जीवन है परिभाषित
गुजरे पल, इतिहास समय का
इस पल का सम्मान रहे पर
यह कल की अनमोल धरोहर
इस पल को न छोड़ना रीता
समय न देता दूसरा अवसर
पल पल की महिमा को समझो
इस जीवन का सार यही है
वर्तमान में जी लो बन्धु
कल का कुछ ऐतबार नहीं है।

जीने का दम भरने वालो
जीना तुम्हें किधर आया है
रिक्त है जीवन, जीवन-चर्या
कोई न संगी, सरमाया है
खुद को चाहा टूट-टूट, या

खुद की परिधि में ही जीवन
उससे बाहर निकल सके न
छुआ न कोई और दुखी मन
दे दो एक पल दुखियारे को
ऐसा और उपकार नहीं है
वर्तमान में जी लो बन्धु
कल का कुछ ऐतबार नहीं है।

भागम-भाग लगी है हर पल
लेकिन लक्ष्य नहीं मालूम है
समय चक्र से होड़ लगी है
लूँ क्या पक्ष नहीं मालूम है
कभी समय ठहरा कर देखो
झुठलाये हर प्यार को देखो
भूल सतत बौराये जग को
जीवन के ठहराव को देखो
चाल बदल कर काल-गति को
करना वश, दुश्वार नहीं है
वर्तमान में जी लो बन्धु
कल का कुछ ऐतबार नहीं है।

तिल-तिल सुलगे उद्वेलित मन
पल-पल हाथ निकलता जीवन
यूँ तो बहुत जमा की पूँजी
चिन्ता पर असली संचित धन
सुन्दर मुख फिर मृदुल बनाओ
भृकुटि, बल की छाप मिटाओ
हर दिन कर लो उत्सव जैसा
अन्तरंग, प्रिय संग मनाओ
मन से धनी बने हैं जो जो
संग ईश्वर, संसार वहीं हैं
वर्तमान में जी लो बन्धु
कल का कुछ ऐतबार नहीं है।

राह मध्य की ही तुम चुनना

जीवन के लम्बे रस्तों पर सपने जितने चाहे बुनना।
राह मध्य की ही तुम चुनना ॥

ग्रसित मानव रहा हरदम
अति का लालच बसा इंद्रिय
जग में पनपी सभ्यता भी
कहीं सक्रिय, कहीं निष्क्रिय
राह इस जीवन डगर की
बन न पायेगी सुहानी
कहीं बारिश, धूप मीलों
कहीं महीनों छाँव अप्रिय

सन्तुलन ही एक जो जाने प्रकृति का सँजो रखना।
राह मध्य की ही तुम चुनना ॥

भीग जाओ, तृप्त हो लो
ज्ञान की गंगा यही है
इन्हीं बूँदों-बूँद मिल कर
धार ये अविरल रही है
नदी के पत्थर सदृश न
मर्म से रहना अछूता
बूझना और सींझना ही
सीख सन्तों की रही है।

तृप्त मन हो जाये तो क्या है दिन फिर क्या है रैना।
राह मध्य की ही तुम चुनना ॥

भाव मन के वही सच्चे
सहजता से मन जो आये
नाप तोल विचार कर तो
परिकलन* ही सँजो लाये
शून्य सा मन शान्त रख के
निर्विचार हृदय को खोलो
'सम्यक स्मृति'* आत्मा जब
सामने खुल कर के आये

नहीं मौनी* बन के कोई म्यन्त्र* की तुम आस करना।
राह मध्य की ही तुम चुनना ॥

---

* परिकलन = गणना, गुणा-भाग।
* सम्यक स्मृति = स्पष्ट ज्ञान से देखने की मानसिक योग्यता।
* मौनी = मौन रहने वाला।
* म्यन्त्र = मौनी की भाषा समझ कर दूसरों को बताने वाला।

मन मीत बनो, तो चैन आये

मन मीत बनो, तो चैन आये

कुछ दर्द बढ़ा कुछ पीर बढ़ी
मन में धुँधली तस्वीर गढ़ी
कुछ दर्द के बेल और बूटों से
दिल ने दुखती तस्वीर मढ़ी
ये सच्चे दर्द या झूठे हैं
पर मन को लगे अनूठे हैं
कोई झूठ तसल्ली दे जाये
मन को कोई ढाढस दे जाये
मन में रहते, तो चुभते हैं
जाने अनजाने उगते हैं

कोई सीख सिखाओ, धीर धरो
इस भटके पर भी करम करो
मन को भी कुछ आराम आये
मन मीत बनो, तो चैन आये
मेरी प्रीत बनो तो चैन आये

आँसू की भाषा, सब मानें
कोई मन की पीर को भी जाने
बाहर मुस्कानों का बाना
कोई कितना ओढ़े, या माने
दुख का आँचल जब तर जाये

आँसू बह निकलें, न माने
जब दुखती टीसें दबी रहें
मन की आँखें डब-डबी रहें
कोई मन के भीतर झाँक भी लो
क्या दुखता है कोई भाँप भी लो
जब मन ख़ुश तो दुनिया गद्-गद
है सच ये ही, कोई जाँच भी लो

कोई समझो पीर पराई, हरो
हमसे भी थोड़ा धीर धरो
दुखियों के भी कोई काम आये
मन मीत बनो, तो चैन आये
मेरे गीत बनो तो चैन आये

माना सुख की ही आशा में
दो पल की प्रेम अभिलाषा में
भोला मन है, भरमाता है
भर प्रेम पींग, शरमाता है
पर ढाई आखर प्रेम भला
कब ढाई दिन से अधिक चला
दो क्षण की भावुक आशा में
जीवन भर लिया निराशा में
फिर इल्जामों से कोई भिड़ा
जीते जी मर कर कोई लड़ा
अब पीर नहीं, कोई चाह नहीं
आगे कोई दिखती राह नहीं

कोई उँगली थामो, गले लगो
कोई बनो रोशनी, आस जगो
भटकों को कुछ आराम आये
मन मीत बनो तो चैन आये।
मेरी प्रीत बनो तो चैन आये।।
मेरे गीत बनो तो चैन आये।।

अपनी धुन में रह प्यारे

अपनी धुन में रह प्यारे
पर जग को भी सह प्यारे॥

अपनी धुन में रह प्यारे
पर जग को भी सह प्यारे
सब से न बेगाना बन
खुद से न अनजाना बन
ताल-मेल ऐसा कुछ कर
मन भी, बाहर रहे विचर
दो मन मिले बने दुनिया
फिर है सुख या दुख है क्या
चलता है, तो चलता जा
रख मन के मीत सँवारे।
अपनी धुन में रह प्यारे॥
पर जग को भी सह प्यारे॥

मन साधे तो मानस है
तब ही बसते मन रस है
रिद्धि-सिद्धि साधना सभी
एकाग्रित मन ही बस है
इससे जो बाहर निकले
फिर चाहे जितना कर ले
जब तक ठोकर न खाये
ठौर ठिकाने कब आये

सब जाने फ़िर भी भटकें,
रह तू अपनी हद प्यारे ॥
अपनी धुन में रह प्यारे
पर जग को भी सह प्यारे ॥

अपना जप तू जपता जा
दुनिया को भी रमता जा
खुद को पाती कौन लिखे,
खुद से, जग से मिलता जा
खुद के दुख क्यूँकर तू गिन
बाहर देख कष्ट अन-गिन
इक का भी यदि क्लेश मिटा
समझ ये जीवन भेद लुटा
अन्तः से भर शक्ति, सँवर
कर जीवन सार्थक प्यारे।
अपनी धुन में रह प्यारे ॥
पर जग को भी सह प्यारे ॥

ब्रह्म महा जीवन क्षण-भर
पर जीवन-पल है अक्षुण्ण
ज्योति जले जब मिल जुल कर
दैविक तेज, न हो नश्वर
बन कर सबका मीत, सखा
कान्हा बन, तू रास रचा
आना जाना ध्यान न रख
अपनी भी पहचान न रख
बन जा कुम्भ, कभी जल में
या बन जलधि कभी प्यारे।
अपनी धुन में रह प्यारे ॥
पर जग को भी सह प्यारे ॥

प्रेम त्याग की दुनिया में
मन भावों की कुटिया में
तुझको यदि है प्रेम मिला
समझ विधाता है इसमें
सह ले जग के स्वाँग सभी
दुख और दर्द के माँग सभी
प्यार मिला जो जीवन में
रख उसको शाश्वत मन में
डर मत सब पा जाएगा
जब डुबकी प्रेम भँवर मारे
अपनी धुन में रह प्यारे ॥
पर जग भी मत तज प्यारे ॥

खुशियों की ले सौगातें
सबके प्रेम की ले बातें
हो जा बस दीवाना तू
ले जग के दिन और रातें
प्रिय के दिल में प्रीत जगा
दीवानों सी रीत लगा
मन-सुख तो दुनिया न्यारी
दुख में भी लगती प्यारी
जिसका है, उसका हो जा
फिर उसके रंग में रंग प्यारे।
अपनी धुन में रह प्यारे ॥
पर जग को भी सह प्यारे ॥

क्या राह में पलकें बिछाये...?

सुलझी जीवन की पहेली, खोयी थी तुम वो कड़ी हो।
क्या राह में पलकें बिछाये तुम खड़ी हो?

निष्ठुरा है ये दुपहरी, धूप लगती पर भली सी,
तपिश रेगिस्तान के इस रेत में बस चुलबुली सी।
व्योम के अनुमान सारे अटकलों में रह गये हैं,
आज जिस परिधान में तुम सज रही हो सुन्दरी सी।।

ज्यों बारिशों की चन्द बूँदें तप्त धरती पर पड़ी हों।
क्या राह में पलकें बिछाये तुम खड़ी हो?

लहर के उन्माद से जलधि अनिग्रह हो चला है,
पावसों की झड़ी से हर रोम चंचल हो चला है।
प्रकृति की अनहोनियाँ भी जान कर अनजान बनतीं,
क्या नयन में काजल लगाते एक अश्रु बह चला है।।

ज्यों गहन मेघों बीच निकली रश्मियों की कुछ लड़ी हों।
क्या राह में पलकें बिछाये तुम खड़ी हो?

भ्रमर भी बौराये हैं, कोपल, कली में भेद खोये,
आज उपवन भी खिले फूलों की सुन्दरता सँजोये।
आम के बौरों की मदहोशी हवा में घुल चुकी है,
क्या शर्म के आगोश में छुप प्यार के कुछ बीज बोये?

ज्यों राह में सतरंगी पुष्प मालाएँ पड़ी हों।
क्या राह में पलकें बिछाये तुम खड़ी हो?

आज मैं एकाकियों से निकल बाहर विचर सकता
मन की पीड़ा तज अपरिमित प्रकृति का उन्माद चखता
बोये थे जो बीज तुमने प्रेम के, वो लहलहाये
आज मैं सौन्दर्य की भाषा हृदय से समझ सकता

नयन अवलोकित करें छवि, सामने तुम हर घड़ी हो।
क्या राह में पलकें बिछाये तुम खड़ी हो?

सुलझी जीवन की पहेली, खोयी थी तुम वो कड़ीं हो।
क्या राह में पलकें बिछाये तुम खड़ी हो?

जीवन कितना भी बदले

जब तक चाँद गगन में है
जब तक ताप अगन में है
सूरज जब भी उदित हुआ तो पूरब ओर उगेगा ही।
जीवन कितना भी बदले पर सच्चा प्यार रहेगा ही।

प्रीति ही तो एक जिससे
सहज यह संसार चलता
प्रीति वह बहती नदी
जिसमें समय का ज्वार ढलता
डगमगाये जब कभी भी
पैर इस जीवन डगर में
प्रीति का कोमल सहारा
ही अडिग आधार बनता

जब तक प्रीति लगन में है,
जब तक चेतन मन में है
प्रमुदित कोयल जब कूकेगी मधुमय रस फूटेगा ही
जीवन कितना भी बदले पर सच्चा प्यार रहेगा ही।

भाव मन में ही पनपते
हर तरह की भावना के
राग द्वेष दुलार भोली
सहज मानव कामना के

किन्तु निस्सन्देह जो सब में
सृजन की शक्ति भरते
प्रीति के बन्धन अटूटे
निहित मन मन-भावना के

जब तक नव नूतन में है,
जब तक कृपा अमन में है
स्त्री दिल जब भी महकेगा वह श्रृंगार करेगा ही
जीवन कितना भी बदले पर सच्चा प्यार रहेगा ही।

विरह का अनुदान माना
प्रीति की है धरोहर
दुःख करते अनुगमन हैं
आये जब भी सुख मनोहर
पर विरह की तीव्रता
नवजन्म का अभिप्राय है
और इस लम्बे सफ़र में,
विरह ही विश्राम का घर

जब तक तृप्ति मिलन में है
जब तक तुष्टि प्रमन में है
आँखों में आया आँसू तो गालों पर ढुलकेगा ही
जीवन कितना भी बदले पर सच्चा प्यार रहेगा ही।

तन सजा लो मन सजा लो
डूबना इसमें अदम्य है
प्रीति जितनी सहज दिखती
विधा यह उतनी विषम है
मात्र देना इसमें तुमको
नहीं कुछ प्रत्याशा करना
जब नहीं कुछ पास रहता
बस वही अन्तिम चरण है

जब तक मौज मगन में है
जब तक रंग सुमन में है
हिमगिरि जब भी पिघलेगा तो नदिया रूप धरेगा ही
जीवन कितना भी बदले पर सच्चा प्यार रहेगा ही।

विरह की हर आस लेकर
मिलन का उत्कर्ष कर लो
ज़िन्दगी में रंग न दूजा
प्रीति का ही रंग भर लो
याद रखना बस यही तो
धुरी जीवन चक्र की है
कठिन जीवन परिक्रमा है
सहज इससे रीति कर लो

जब तक जीव जगन में है
जब तक ध्यान नमन में है
पूनम चाँद खिला जब भी तो सागर ज्वार उठेगा ही
जीवन कितना भी बदले पर सच्चा प्यार रहेगा ही।

आस्तिक अस्मिता* का
यह सर्व मोहक रूप है
मनुज अवचेतन कृति
का उत्कृष्ट प्रारूप है
प्रीति के गुणधर्म से
उठते अनन्य राग-भाव
देव वंचित रहें पर यह
मनुज सम अनुरूप है।

जब तक साँच नगन में है
जब तक गति गमन में है
कली खिलेगी उपवन में तो अलि का मन डोलेगा ही

जीवन कितना भी बदले पर सच्चा प्यार रहेगा ही।

---

*आस्तिक = जो अस्तित्व के प्रति अनुग्रहपूर्ण स्वीकार भाव रखे।

*अस्मिता = अपने होने का भाव, अहंभाव।

बीत गया ये जीवन!

रस्ते उल्टे-पुल्टे जग के
रिश्ते सच्चे झूठे जग के
त्रसित रहे करते भावों को अनदेखे अनबूझे चितवन।
अपनों और परायों में, दर्द से भरी छाँहों में, धुँधली हुई दिशाओं में,
बीत गया ये जीवन॥

संग भी खिली थीं कलियाँ
चित्ताकर्षक थीं गल-बहियाँ
पर जाने की जल्दी में ही, आये सब मेरे उपवन।
बीती जो उन चाहों में, मिली नहीं जो राहों में, चाह भरी उन बाँहों में,
बीत गया ये जीवन॥

नयनों में सपने, सूनापन
जो था सबकुछ करके अर्पण
सपनों में ही तुष्टि मिली, नहीं मिला किंचित मधु-वन।
सुप्त अचेतन भावों में, ख़ामोशी की निगाहों में, पतझड़ की छाँहों में,
बीत गया ये जीवन॥

प्यार कभी बरसा था जमकर
और कभी खा कर भी ठोकर
बहुत सहेजा सम्बन्धों को फिर भी मिला नहीं वृन्दावन।
स्वजनों की चाहों में, आँसू और आहों में, चले नहीं जिन राहों में,
बीत गया ये जीवन॥

जिसके पीछे पागल हो कर
भागा अविरल ही जीवन भर
उन मृगतृष्णाओं का मैं पंछी, जग सारा मेरा मृगजीवन।
साँसों के छलावों में, काया के भुलावों में, मायूसी की आहों में,
बीत गया ये जीवन॥

विवश कभी ऐसे दिन आये
अश्रु मात्र ही सखा सुहाये
कभी समय भी ऐसा ठहरा जैसे, बीत रहा परिजीवन।
प्रतिफल के अभावों में, हार-जीते दाँवों में, और विषम विपदाओं में
बीत गया ये जीवन॥

मोड़, दिशा सब ने भरमाया
उम्र - अदा में समय गँवाया
आपा-धापी, ऊहा-पोह में, पता नहीं कब गुजरा यौवन।
स्मृति शृंखलाओं में, शब्दों की सजाओं में, वक़्त की विधाओं में,
बीत गया ये जीवन॥

मुक्त कविताएँ

प्रेम के सतरंगी अजूबे

प्रेम के सतरंगी अजूबे...
बन्धनों से सजे दीवानगी के ये मंसूबे

प्रेम के सतरंगी वर्षों में,
क्या पाया, और क्या नहीं पाया।
सात समुन्द्रों का प्यार
हर सुबह, हर शाम
प्यार में सराबोर,
रात के सपने सँजोते
अलसाती सी भोर,
डूब जाने दो अपने आँचल में
आज, कल और इस युग के समापन तक,
ठहर जाने दो ये पल
मेरे और तुम्हारे अन्तर्मन तक।
सपने तो सजे हैं
बीज भी बोये ही हैं
लहलहाने दो, इनको बेरोकटोक
सारे संसार में
इनकी खुशियाँ बिखर जाने दो...।

मोड़

ये ज़िन्दगी भी अजीब है,

जब से होश सम्हाला है
न जाने कितने तिराहे, चौराहे
आ चुके हैं।

अब फिर से
एक नया मोड़ देने की कोशिश
जारी है,
इस ज़िन्दगी को।

मैं अकेला रहता हूँ
क्योंकि,
मेरे तमाम सारे पहलुओं को
को कोई एक साथ
समझ नहीं सका है,

कहीं उम्मीद लगाई है,
लेकिन डर है,
वहाँ जा कर
अपना अस्तित्व ही
न खो बैठूँ।

इससे पहले कि शाम हो जाये

इससे पहले कि शाम हो जाये
वक्त यूँ ही तमाम हो जाये
आओ कोई सपना सँजो लें मिलकर
कल की खातिर मुकाम हो जाये

यूँ तो उम्र बहुत लम्बी है, लेकिन
कुछ ही तो पल हैं ऐसे,
जिनमें हम अक्सर जीते हैं
कौन जी पाया है
हकीकत की संगीनी (दुष्कारी) में
ख़्वाब बुनने में या ख़यालों में
अब तलक के ये दिन बीते हैं
कल के बारे में भी जरा सोचो हमदम,
टूटे ख़्वाबों के सहारे तो बसर हो सकती है
वरना सन्नाटे से भरी दोपहर की
सोच कर भी रूह मेरी कँपती है

यूँ ही बस, ये वक्त और ये शाम गुजर जायेगी
कल दुबारा से नयी एक सुबह, फिर आयेगी
लेकिन मैं अपनी दुश्वारी में और तू
अपनी मजबूरी में सिमट जायेगी
हम साथ नहीं होंगे फिर, न सही
फिर इन अध-पके ख़्वाबों की याद आयेगी

आज तुम संग हो तो ये नींव डाल देते हैं
साथ किस्मत रही तो इमारत भी ये बन जायेगी
कौन जाने कल कौन सी करवट बैठे
इन हसीं ख़यालों में कुछ उम्र गुजर जायेगी
न जाने मेरी ही उम्र की रफ़्तार क्यों ऐसी है
मेरे तो बस की नहीं, तुम होगी तो सम्हल ज़ायेगी

इससे पहले कि शाम हो जाये
वक्त यूँ ही तमाम हो जाये
आओ कोई सपना सँजो लें मिलकर
कल की खातिर मुकाम हो जाये

मीरा और राधा

मीरा ने जीवन दिया
हरसिंगार सा महकने को,
कृष्ण तक पहुँचने को।

कान्हा को महक आयी
बावरे इस फूल की,
सुधि आयी राधा की
गोकुल की ओर चले।

प्रेम निर्वाह

आज तुमने
हमारे मिलन की वेला को
हमारे परिणय के प्रहर को
झुठलाकर
एक बार फिर से
मुझे असमंजस मे डाल दिया....

एक युग से
तुम्हारे प्रखर एवं
परिपक्व प्रेम में लिप्त
मैं इस अहसास को
लगभग भूल ही चला था कि,
समय और दिशाओं की
असीमित पगडंडियों पर,
अगड़ित दिशाओं में
मेरे मँडराते रहने के पश्चात ही
तुम मेरे जीवन में
स्थायित्व बन कर आयी थीं,
मैं अपने अन्तर उर में
उस मोहित मृगी को
कर्म, स्वधर्म,
निर्णय एवं दायित्व से
अपना चुका था।

तुम्हरे भी कटावदार नैनों में, मैंने
महावर से भरे पैरों का
सपना सँजोया हुआ देखा था
तुम भी, एक ज्वार-पल सी चुलबुल
फाल्गुनी आकाश सी प्रफुल्लित
मेरे उर-सागर में,
संकुचित नदी सी
समा जाने को आतुर थीं।

यह कलयुग ही, हमारा प्रेमयुग है
यूँ कह
मिलने को आतुर,
अपने अंगों की आह्वान की ललक से
मुझ में निहित पुरुष को
ललकारा था प्रिये,
मेरे अन्तरमन एवं प्रेमी को
झकझोरा था,
उर्वशी सम यौवन से सराबोर
मेरी हर श्वाँस में
मेरे हर एक अवयव में
नशीली सुगन्ध घोल देने वाली
अपनी उन्मादिता का सर्व-स्नेह
मुझ पर उड़ेलने को रत
मुझसे अंगीकार का वास्ता करती
इस प्रणय की वेला के लिये
तुमने ही तो मुझे
तत्पर किया था।

ओ देवपरी
मेरी अन्तरंग
मेरी अन्ततः लक्ष्य

मेरे गन्तव्य की सीमा
मेरे अस्तित्व का केवल अर्थ,
हमारे इस मिलन से
तुम अपने पूर्ण नारीत्व एवं
मैं अपने पूंर्ण पुरुषत्व का
भागी होता
तुम्हें अपने में समेट कर
अपने में निहित कर
एक भौतिक परन्तु
शुभ यथार्थ का
आरम्भ करता।

आज तुमने
इस मिलन की वेला पर
न आकर
उस तृषा की क्षुधा,
जो आग है
एक अमिट प्यास है, को
मेरे अन्दर जन्म दे दिया है
इस परिणय से हमारे प्रेम को
सम्पूर्णता मिल जाती।
लेकिन, सम्पूर्ण प्रेम की
इतिहास मे़ं कोई महत्ता तो है नहीं।
क्योंकि
राधा-कृष्ण का प्रेम तो आज भी अमर है,
कृष्ण-रुक्मिनी के प्रेम का
वर्णन भी तुमने कभी सुना है?
मैं तुम्हारे प्रेम के उन्माद में,
तुम्हारी लालसा में,
शायद इस तथ्य को
कभी समझ न पाता।

आज तुमने इस परिणय के प्रहर को
झुठला कर
अनचाहे, अनजाने में ही
हम दोनों पर
एक बड़ा उपकार किया है।
तुमने हमारे प्रेम को
अमर कर दिया है।

अधेड़ावस्था

संकटावस्था,
अब जीवन का
मध्य-काल
अनिद्रा के रोग से
फिर बेहाल,
मन कभी बहकता है
सुन्दरी नारि पर,
या फिर महँगी कार पर!

नम आँखें

कई बार ऐसा हुआ है, कि
रात में आँख खुली
और आँख नम थी,
अक्सर सोच में पड़ जाता हूँ,
क्या कोई संवेदनशीलता थी जो
सारी रात मस्तिष्क को
अनायास कचोटती रही,
और आँसुओं के रूप में
अभिव्यक्त हुई,
या फिर चैतन्य अवस्था में
बलात, अंकुश से
रोके हुए आँसू,
यूँ ही सहजता से
अवसर और
बरबस बाहर निकलने की राह
पाकर, रुक नहीं पाये!

आदमी की औकात

आदमी की औकात
उन जज़्बों में है
उन लम्हों में है
जिनमें वो जीने की
ज़िद करता है।
आदमी की औकात
उसके अंजाम पर
मत आँको,
मरने को तो हर एक शख़्स
एक आध बार
अक्सर ही मरता है।

रिश्ते...

रिश्तों का खुद में अपना इक संसार है
रिश्तों से ही इंसां के जीवन में सार है
रिश्ते ही तो हर दिन लाते मुस्कान हैं
जीने में उमंग खुद से लाते पहचान हैं

भले ही कुछ रिश्ते लाते मन-मुटाव हैं
प्रेमासक्ति बढ़ी तो लाते बस खिंचाव हैं
लेकिन एक रिश्ता ही तो है जिससे हम
समाज और इंसान का दर्शाते स्वभाव हैं

कभी बग़ैर रिश्तों से भी कोई रिश्ता बनता
यदा कदा जो दिल को कुछ ख़ास ही जँचता है
हर इंसान बस किसी एक ऐसे स्वप्निल
रिश्ते की तलाश में उम्र भर भटकता है
कुछ खुश किस्मतों के तन में ऐसा एक रिश्ता
साँस और लहू बन जीवन भर चहकता है।
और...
ज़िन्दगी का सफ़र बस यूँ ही महकता है।

ढाई अक्षर

ढाई अक्षर प्रेम के,
कबीर की ये बानी,
दुनिया, मान न मान,
ठूँसती ही आयी है
दिलो-दिमाग में।
प्रेम, प्यार प्रीति,
वंक्त, भक्त, मित्र
प्रभु, धर्म, कर्म
जैसी ढाई अक्षरीय
जटिलता की ओर
बरबस धकेलते हुए
ये ढाई अक्षर!
कैसे कहूँ, मेरा मन अभी
इतना परिपक्व नहीं,
पहले इसे एक और
मुश्किल शब्द जाल से
बाहर तो निकलने दो,
एक और ढाई अक्षर...,
जिस्म!

प्रेम प्रतिबिम्ब

मेरा मन
जब भी विवेक के व्यथित तर्कों, एवं
मस्तिष्क के अनगिनत प्रश्नचिह्नों से
एक क्षण को भी
मुक्त होता हूँ,
तुम इतनी सहजता से
स्वीकृतता-अस्वीकृतता के
द्वन्द्व के मध्य
मेरी भावनाओं के केन्द्र बिन्दु का
स्थान ग्रहण कर लेती हो।

यूँ ही बस,
पलक झपकते ही
सारे प्रकोष्ठ में
तुम्हारी चिर परिचित प्रेमगन्ध
एक बार और
भर जाती है।
सुवासित केशों की,
तुम्हारे देह की सम्मोहक सुगन्ध,
पुष्प सम कमनीयता में मैं
आत्मलिप्त हो जाता हूँ।
और तुम,
उसी आकारहीन, वर्णहीन

सुरभित सुगन्ध की तरह
मेरी कल्पनाओं में चारों ओर
छा जाती हो,
मैं एक फूल की पंखुड़ी की तरह
स्वयं को
हल्का एवं शरीर रहित
महसूस करने लगता हूँ,
तुम्हारे आत्मीय चुम्बनों का अहसास
रक्त अलकंतक कपोल
और, अपनी सीमाएँ
भुला देने को तत्पर
मेरा व्यक्तित्व...
सबकुछ...
पहले ही की तरह,
बिल्कुल पहले की तरह...।

लेकिन,
मैं स्वयं को
पहले की तरह
आत्मसात नहीं कर पाता हूँ,
अस्तित्वहीन नहीं हो पाता हूँ।
निराकार में मिलने के लिए
पहले अपना आकार तो खोना ही पड़ता है।
परन्तु, तुम्हारे बिना तो मैं,
बस एक शरीर रह गया हूँ
मेरे अन्तर मन में तुम्हारा प्रतिबिम्ब
भले ही अब तक अमिट हो, परन्तु
तुम अब मेरी आत्मा का अटूट हिस्सा नहीं हो।
हमारी अंकगणित में अब
एक और एक जुड़ कर एक नहीं,
बस एक प्रश्नचिह्न बनते हैं

उन्हीं प्रश्नचिह्नों में बुनी हुई
तुम, मेरी कल की प्रियतमा
जिसकी याद में आज भी मैं
अनयन निर्निमेष हूँ।

उसी प्रियतमा से, जिसने
जीवन के क़ठिनतम मोड़ पर
प्रति सान्झ, प्रति सुबह प्रति पल
मेरा परिहार किया था
अपने रूप की ज्वाला से,
अपने प्रेम की गरिमा से
मेरे अन्तर्मन को प्रज्वलित किया था।
उसी के वियोग से,
वही ज्वाला आज भी
मेरे तन और मन को निरन्तर
ज्वलित किये जा रही है
मेरा मन, मस्तिष्क एवं शरीर
आज भी स्वीकारने को तैयार नहीं है, कि
हम एक बिन्दु से परिवर्तित हो कर
दो समानान्तर रेखाओं का
पर्याय बन चुके हैं।
मेरा संशयी मन भी तो बार-बार
उन्हीं प्रश्नचिह्नों का सहारा ले कर
यूँ कह मुझे आहत करता रहा है :
"तुम्हीं ने तो उस
कंचन-सम शरीर की
आराधना की थी
निरन्तर सराहा था, पूजा की थी।
जब उसका तन कंचन-सम था तो
मन में भी किसी धातु की
समता तो रही ही होगी

ये आभूषण ही
तुम्हारे प्रेम की परिभाषा थे,
प्रेम का प्रतीक थे,
तुम्हारे प्रेम को शोभायमान करते थे।
लेकिन, कंचन का शरीर
प्रेम की उन्मादिता में पिघल तो सकता है
पर उसमे अपने या मेरे
दर्द का अनुभव कैसा
भोग या उपभोग का मान कैसा?
इनकी अपेक्षा तो बस
देवलोक में ही उचित लगती है''

हृदय से आवाज़ आती है—
परन्तु उसने भी तो
तुम्हें सराहा था
तुम्हारी अनहोनी प्रेम की रीत पर,
कहती थी हमेशा
''बस मैं ही बनी हूँ
इस प्रेम की लीक पर
तुम्हारे साथ चलने को''
मैंने भी इस सारे संसार से अलग
प्रेम की पद्धति बनायी थी
उसको सपनों में सजा कर
यथार्थ में अपने साथ रख कर
कितनी दूर आ गया था
उसके साथ।
लेकिन अलग लीक पर चलने का
ये डर भी रहता है, कि
यह बिना चेतावनी के, यूँ ही
लुप्त भी हो जाती है
बस अचानक ही ख़त्म हो जाती है

फिर आगे केवल होती है
एक अनिश्चितता, एक डगमगाता पूर्ण विराम...
और मैं इन सिहरती सम्भावनाओं के साथ
अन्धकार में गुमसुम
बिल्कुल अकेला रह गया हूँ...।

और अब,
एक अन्तराल, एक युग के पश्चात
उसी लीक पर
एक-एक कदम सम्हल कर
पीछे रखता हुआ
मैं पुनश्च उसी वर्तमान की
तलाश में हूँ,
जिसमें सम्भवतः
सबकुछ फिर से
बिल्कुल पहले की तरह सा हो।
इस पगडन्डी की टूटती सम्भावनाओं में,
इसके बिखरते किनारों और
धूमिल क्षितिज में,
शायद कहीं
हमारी यादों को ढूँढ़ती हुई
वह, मेरी प्रियतमा, एक बार फिर से
मुझे कहीं मिल जाये...
सम्भवतः
वह शरीर अब कंचन सा न रहा हो
लेकिन मुझे अभी भी वो
अस्तित्वहीन एवं शरीरहीन करने के लिए
पर्याप्त होगा
सम्भवतः इस बार वह मेरी आत्मा
का अमिट भाग बन जाये?
मेरे प्रेम के प्रितिबिम्ब में
शाश्वत उतर जाये?

वो लड़की

सुन्दर सी वह लड़की,
सुन्दरता सी अक्सर
वह सुन्दर लगती थी,
बसी हुई थीं उसमें
छोटी-छोटी सभी खूबियाँ
सजने और सँवरने की
कुछ कर, और निखरने की,
नाखूनों की पालिश या
होंठों की लाली
बड़ी-बड़ी मनमोहक
काजल से काली
आँखें मतवाली,
सुन्दर से सुन्दरतम होने के
सभी सलीके उसको आते थे
कभी कशिश तो कभी
उफ के झटकों से
कितने दीवानों के दिल
उनके मुँह तक आते थे
लाइम लाइट में रहना
उसको अच्छा लगता था,
मुझसे करना फ्लर्ट भी
उसे अच्छा लगता था।

शायद इतना सब था
काफी नहीं रिझाने को,
सुन्दर छवि से भी बढ़ कर
मिला हुआ था कोयल जैसा
सुर भी उसके गाने को,
सरस्वती माँ का उसको
वरदान मिला था।
गायन की विद्या का
गुरुओं से ज्ञान मिला था,
आँख बन्द करके जब भी
वह सुर का साधन करती
ऐसे लगता सात सुरों की देवी
गीतों की बारिश ही करती
घण्टों उसके गीत कान में
गुंजित सुमधुर होते थे
उसकी बोली से भी मीठे
उसके गीत मधुर होते थे।
पर यह तय था मेरा
अक्सर दुविधा में रहना
कौन मुझे ज़्यादा है भाता
अक्सर यह तय करना,
उसके गीत नशीले या फिर
उसकी मन मोहक छवि
और उसके मृग-नयना?

गयी जुलाई फिर से उसकी
साल-गिरह आयी, गुजरी,
उसकी शादी के रिश्तों का
भी आना जाना
अब कुछ अधिक हुआ,
मैं भी सोच रहा हूँ
जीवन पथ में
इक मृगजल आया था,
अब जाने का समय हुआ।

ज़िन्दगी के दस्तावेज़

ज़िन्दगी के सफ़र के दस्तावेज़
तारीखों से कुतरे हुए सफ़े,
धुँधले से हो गये हर्फ
इसमें छिपा हुआ है,
बचपन का अल्हड़पन
जवानी की बदगुमानियाँ
जीत के जश्न,
हार की मायूसियाँ और
एक दौर में गुजरी हुई
तमाम रूमानियाँ।
लेकिन कब कोई इन सफ़ों पर
फिर से कुछ लिख पाया है
हर नयी हलचल पर
वक़्त ने एक नया पन्ना ही
फिर से लगाया है।

फर्स्ट क्लास का परदा

हमारे और फर्स्ट क्लास के बीच
एक झीना सा परदा पड़ा है,
परिचालिकाओं का बार-बार
इस ओर से उस ओर, या
उस ओर से इस ओर
आना-जाना बड़ा है।
दोनों व्यस्त हाथों से
किसी तरह परदा खोलती हैं
और फिर,
ज़ल्दी से ऐसे बन्द करती हैं
जैसे किसी नव-यौवना का आँचल
प्रकट रूप से
ढल जाये, और वह
आदतन उसे उठा कर
अपनी लाज छिपाती हो।

कैसे मान लूँ?

कभी सोचता हूँ कि,
क्षणिक भावुकता में निकले तुम्हारे शब्दों को
अपनी सोच के दायरे में ले कर देखूँ...।

मेरे हृदय की गहराइयाँ तक
तुम्हारे असीमित प्यार के रस से सराबोर हैं।
वो प्यार जो ऊपर से सागर सा गम्भीर है
लेकिन मैं अच्छी तरह से जानता हूँ कि,
मेरे पागलपन से भी कहीं बढ़ कर उसमें उन्मादिता है।
फिर भी न जाने क्यों,
ये बेबुनियादी शब्द अक्सर
तुम्हारे होंठों पर आकर
मुझे कुंठित करते हैं।

मेरे मन की चंचलता को
स्थिरता में बदलने वाली,
काश मेरी दृष्टि से तुम
कभी स्वयं को देख पातीं।
अपलक आँखें तो तुम्हें देखती ही हैं,
पलक झपकने के सूक्ष्म अन्तराल में तो
तुम मेरे सामने ही होती हो।
फिर इस असांसारिक प्रेम को
मैं क्षण-भंगुर कैसे मान लूँ?

तुम्हारे आत्मिक आलिंगन में मदहोश या
देश की सीमाओं से बहुत दूर,
मैं अकेला, पर
मेरा मन तो तुम में लिप्त ही रहा है।
किसी भी अप्सरा को देख कर
तुम्हारा ही मुस्कुराता चेहरा मेरे सामने आया है।
मेरे दिल की हर धड़कन
ये गवाही देने को तैयार है कि,
तुम्हारे प्रत्येक स्पन्दन ने
उसका साथ दिया है...।
इसके उपरान्त भी मैं
तुम्हारे मिथ्या शब्दों पर विश्वास कर लूँ?

मुझे कभी ऐसा भी लगता है जैसे
कोई चीख-चीख कर हमसे कुछ कहना चाहता है
"मुझे भी अपने प्रेम में समाहित होने दो,
यह अमर प्रेम सम्पूर्ण तो कर लो"
सम्बोधन लेकिन तुम्हारे लिए ही होता है।
मेरा भी हर रोम ये आवाज़ सुनता है
लेकिन तुम्हारी शारीरिक उत्पीड़न को सोच कर,
मैं भी सहम जाता हूँ।
इस अधूरेपन को सम्पूर्ण करने में
सम्भवतः एक युग की प्रतीक्षा और करनी पड़े,
लेकिन, नियति का विधान कब तक कोई रोक पायेगा?
अवश्य ही, हमारा प्रेम एक दिन
देवत्व को प्राप्त होगा...
तुम्हारी सुन्दर छवि, मेरी आँखें...सम्भवतः होंठ भी
तुम्हारे कपोल-भंग..., रेशमी बाल
एक नन्ही सी मुस्कान या फिर
दिल को ठण्डा कर देने वाला नन्हा सा क्रन्दन...।
और तुम कहती हो,
मैं तुम्हारे शब्दों को मान लूँ...।

बारिश

कभी बारिश के बग़ैर भी
मन भीगता है
पुरानी यादों से या
अनायास ही अनकहे अहसासों की
अभिव्यक्ति से।
हम सभी ने
बारिश की वो मार
कभी न कभी तो
खायी ही हुई है।

नैनों की बँध डोर

नैनों की बँध डोर
चपल कनखियों के छोर
कहे बिन चोट दे गयी।

कहा जो दे दे यौवन धन,
सकुचा कर पहले मन,
लजा कर ओट हो गयी।

ग़ज़लें

तेरी तलाश है

आलम है अब कि हर जगह तेरी तलाश है
ग़म चश्म-ए-आब[1] या खुशी, तेरी तलाश है।

भर जाये खुशबुओं से जहन तेरे ज़िक्र पर
दम भर के लिए भूले फ़िक्र-ए-मआश[2] है।

साहिल हो समन्दर या संग मौजे मुसलसल—
मिस्ल-ए-हुबाब[3] हस्ती है, पर ख़ूब खास है।

बाद-ए-सबा या कोई कली चटखी शाख़ पर
तेरा ख़याल ताब-लब[4] जलता पलाश है।

दुनिया के रंगो-रंग, हर मंज़र के दरम्यान
जब दिल-ए-इज़्तिराब[5] हो तो कैसी आस है।

अब तक गुज़ार उम्र दी सौ पेच-ओ-ताब[6] में
आओ कि याद-ए-रफ़्तगाँ[7] भी पाश-पाश है।

---

1. चश्म-ए-आब = गीली आँख; 2. फ़िक्र-ए-मआश = आजीविका कमाई की चिन्ता; 3. मिस्ल-ए-हुबाब = बुलबुले की तरह; 4. ताब-लब = होंठों पर; 5. इज़्तिराब = व्याकुल; 6. पेच-ओ-ताब = उलझन; 7. याद-ए-रफ़्तगाँ = पुराने दिनों की याद।

वो रूठे तो

नाज़-नख़रे किस तरह उठाओगे
वो रूठे तो किस तरह मनाओगे।

ये नातवानी[1] उन्हीं की चाहत से
तुम भला किस तरह छुपाओगे।

शिनासाई[2] ये फकत चार दिन की
उम्र भर किस तरह निभाओगे।

हसरतों के फूलों से बहले खूब
खारे-आरजू से कैसे निभाओगे।

आज जलवा-गर अंजुमन में बैठे हैं
कल की महफिल किधर सजाओगे।

वस्ल की रात की बात करते हो
अनजामे-इश्क़ किस तरह निभाओगे।

---

1. नातवानी=दुर्बलता; 2. शिनासाई=पहचान।

यार नहीं कोई मिलता है

सब मिलते हैं बातें करते हैं, यार नहीं कोई मिलता है
दिल को जो गुलशन कर दे गुलज़ार नहीं कोई मिलता है।

एक वक़्त का दिल का मिलना, एक वक़्त का याराना
साल महीने गुज़रें यूँ घर-बार नहीं कोई मिलता है।

जुबाँ मिली है सोच मिली है और प्यार का भी दम है
दिल की हम-बोली बोले संसार नहीं कोई मिलता है।

अलग अलग मोती से मानस, सब प्यारे सब ख़ुशदिल हैं
डाल पिरोये धागा इक गुलकार नहीं कोई मिलता है।

अपनी धुन में मगन, कभी इनसे या उनसे बावस्ता
घेरा मन का पार करे दिलदार नहीं कोई मिलता है।

दीवारें हैं ऊँची पुख़्ता या खाई गहरी दरम्यान
जोड़े खिड़की या पुल से दस्तकार नहीं कोई मिलता है।

सब के मन में हैं शंकाएँ नफरत और खुदगर्ज़ी की
करे अदावत दूर सभी किरदार नहीं कोई मिलता है।

ताजमहल

ऐ ताजमहल, ताजमहल, ताजमहल........!

फकीरों का तसव्वुर[1] और शाहे-जहाँ पहल
नाम जिसका है मेरी जानेजाँ ताजमहल!

एक हसीं रूह के सीने पे तराशे संगमरमर
और सनूनाइ[2] की हर हद, ये रूहानी ग़ज़ल

इक तरफ शफ़्फ़ाक पत्थर, बला की नक़्क़ाशी
फिर सैकड़ों सद चन्द[3] सितम, खून भरे पल

इक बुल-हवस[4] शह-शाह का नापाइदार[5] इश्क़
दुनिया ने कहा प्यार की निशानी ये अव्वल

किसी अर्जुमन्द[6] के इश्क़-औ-शक़्ले-जमील[7] पर
या बेनामो-नुमूद[8] तेजोमहल[9] पर खड़ा महल

ऐ ताजमहल, ताजमहल, ताजमहल........!

---

1. तसव्वुर = सपना; 2. सनूनाइ = कारीगरी; 3. सद चन्द = सौ बार; 4. बुल-हवस = जिसे सच्चे प्रेम के बजाय केवल कामवासना या लालसा हो; 5. नापाइदार = अल्पकालिक, क्षणभंगुर; 6. अर्जुमन्द = मुमताज महल का असली नाम; 7. शक़्ले-जमील = सुन्दर रूप; 8. बेनामो-नुमूद = गुमनाम; 9. तेजोमहल = एक मान्यता, जिसके अनुसार राजपूत राजाओं द्वारा बनवाया हुआ तेजोमहल मन्दिर, जिस पर शाहजहाँ ने क़ब्ज़ा कर और हेर-फेर करके ताजमहल का नाम दे दिया।

आज अनमना सा है दिल कुछ

तुमने घर के आँगन में कब बोया पेड़ गुलाबों का
घर की चारदीवारी में अब फूल खिलेगा काँटों का।

कौन आग से खेल रहे हो, कौन से ग़म का मातम है
क्या से क्या देखो कर डाला अपने सबके सपनों का।

अभिनय वो फनकारी है वज़न बात में रख देती है,
केवल बोले सच तो करता कौन भरोसा अपनों का।

ऐसी भी मजबूरी के दिन देख चुके फाका-मस्ती में
पड़ीं उठानी चीज़ें वो भी जिन पर हक था सच्चों का।

जब जब बात करी है तुमने, बस शिकवों की बात करी,
आज अनमना सा है दिल कुछ ज़िक्र करो बस बच्चों का।

किसी एक की जागीर नहीं हूँ

हर दिल से मोहब्बत का जज़्बा है, तो हूँ
शायर हूँ, किसी एक की ज़ागीर नहीं हूँ।

आईने में नहीं मुझको जुल्फों में लगाओ
हूँ प्रेम का गुलाब, कोई तस्वीर नहीं हूँ।

तकिये में गिरे आँसुओं से मेरा क्या सबब
पल भर का हसीं ख़्वाब हूँ, कोई पीर नहीं हूँ।

जो वक़्त से न ढल सके, वो इश्क़ की तहरीर
सदियों की घिसी पिटी कोई लकीर नहीं हूँ।

मिल जाये एक बार तो नेमत है खुदा की
हूँ इश्क़, लगे जो दिल पे कोई तीर नहीं हूँ।

चाँद पर चाँदनी

अगर चाँद पर चाँदनी नहीं है होती,
तो क्या सूरज पे भी रोशनी नहीं होती।

मेरे घर के किवाड़ खुद ही खुल जाते हैं,
उनके आने में कोई आहट भी नहीं होती।

रेत तो रेत है, निकल जाएगी पैरों के तले,
कोसते रेत को, जिसकी नीयत है यही होती।

रेत पर नाम लिखा और वो बह भी गया,
लौ में जलने वालों की कोई उम्र नहीं होती।

कभी मिलना फुर्सत में तो बताएँगे हम भी,
चाहत में हमारी दर-ओ-दीवार नहीं होती।

तुम मिले

याद जब आयी तुम्हारी दिल खिला और तुम मिले
गीत गाया, प्रीत का मधुवन खिला और तुम मिले

यूँ बहुत सी मुश्किलें हैं रोज़मर्रा काम में
जब मिली फुर्सत तसव्वुर में घड़ी भर तुम मिले

रोक रखे थे न जाने बाँध कब से आँसुओं के
बह गया सैलाब खारा मन खुला और तुम मिले

रात गुज़री लम्हा लम्हा बदलते करवट हज़ार
भोर वेला पलक झपकी, ख़्वाब आये तुम मिले

ज़िन्दगी बे-रब्त[1] तन्हा, ग़म खुशी और धूप छाँव
पर मुकम्मल हुई बेशक जब कभी भी तुम मिले

1. बे-रब्त = बेतरतीब।

चाहत का मुखौटा

चाहत का जिसने जो पहना मुखौटा
वही बन गया या वही बन के लौटा

समन्दर सा उसकी निगाहों का जादू
जो डूबा वो मनके रतन ले के लौटा

कभी जिसने मुझको उजाले दिये थे
वहीं से दहकती तपन ले के लौटा

सिखाया था जिसने हुनर ज़िन्दगी का
आँखों में उसके सपन ले के लौटा

मोहब्बत की अग्नि से जो भी उबरा
वो जीने के सारे जतन ले के लौटा

आओ तो सही

राज़दाँ मान लो हमको, औ' बताओ तो सही
पास नहीं दूर से ही, मगर आओ तो सही

बात दिल की है और दिल में बसी हो तुम
सारी दुनिया से छुपा लेंगे तुम आओ तो सही

निगाहों को भी मालूम हो जाये दिल की हालत
हाल दिल का निगाहों में कभी लाओ तो सही

हम हैं तन्हाई के मारे और तुम भी वीरानी में
रोज़ महफ़िल सजायेंगे नयी तुम आओ तो सही

गर्द इस हफ़्ते के कामों की उतारी है अभी
हम भी फ़ुरसत से घर पे हैं तुम आओ तो सही

नहीं देते

जो पलट के आये, ज़ुबाँ नहीं देते
बात उनकी, तो सर कहाँ नहीं देते

उन के आने की चाप सुन कर के
दिल की धड़कन भुला नहीं देते

एक बार जल के बुझ गये हों जो
ऐसे शोलों को हम हवा नहीं देते

दिल से निकले शायराना क़लाम
उनको हम दाद में क्या नहीं देते

आप आते तो हमारी महफ़िल में
दिल क्या, जान भी गँवा नहीं देते

अहसान बाकी है

जल्वागारों के ख़त्म हुए सिलसिले, लेकिन
मशहूर होने का अरमान बाक़ी है

सब दुकानों से हो चुका सौदा, लेकिन
अभी भी एक दुकान बाक़ी है

वफ़ा की बात करते हो मियाँ, लेकिन
अभी तुम्हारा इम्तिहान बाक़ी है

सफ़र में तुम्हें वक़्त हो चला है, लेकिन
मंज़िल के सारे मुकाम बाक़ी हैं

सारे रंग खुल गये हैं शख़्सियत के, लेकिन
अब भी फन्दों में जान बाक़ी है

फ़ैसला तुम्हारा दोस्त किसके हो, लेकिन
हमारे भी कुछ अहसान बाक़ी हैं

बीवी की सुनो

बीवी की सुनो, बीवी की सुनो
और स्वस्थ रहो, - सम्पन्न रहो

पति परमेश्वर रट बहुत सुनी
पत्नी पूजन कर भिन्न बनो

आनन से चरणों तक की छवि
मन में रखो प्रसन्न बनो

पत्नी के माई-बाप, भाई
यूँ घुलो मिलो कि अभिन्न बनो

मन की आँखों से छवि निहार
पत्नी सौष्ठव गा धन्य बनो

पत्नी सम- श्री न किसी नार
ये मन्त्र हृदय उत्पन्न करो

तन धन तेरा, तुझको अर्पित
कह कह कर परमानन्द बनो

याद आयी है...

एक मुद्दत के बाद फिर से बहार आयी है,
ख़ुशगवारी में तेरे लबों की याद आयी है।

सुना है आने वाला मौसम भी कुछ ऐसा है,
ख़ुश रहने की दो दिन की मियाद आयी है।

जब नहीं आती तो गुज़र जाते हैं महीने बरसों,
हाल में ही उनकी दो-तीन फरियाद आयी है।

बुजुर्गों के जमाये सलीक़े से तहज़ीब के पत्थर,
इस उम्र में भी काम वही बुनियाद आयी है।

अब उसको हो गया है इश्क़ अस्ल-ए-हयात[1] से,
छोड़ कर सारे गुल-चमन और सय्याद आयी है।

1.अस्ल-ए-हयात = ज़िन्दगी की असलियत।

अब सही नहीं जाती

अहल-ए-जहाँ[1] की बेदर्दी अब सही नहीं जाती,
आज महरम[2] कल बरहम[3] अब कहीं नहीं आती।

दरीचों[4] से अब नहीं आता कोई झोंका यकबयक,
हवाओं से गुफ़्तगू की मोहलत ही नहीं आती।

न आते हो न आने की बात करते हो इन दिनों,
कोई सूरत हो मिलने की नज़र ही नहीं आती।

बच्चे पढ़ाये लिखाये, बस गये हैं विलायत में,
घर में अब पहले जैसी रौनक ही नहीं आती।

अब तो भर चुके उनकी तिजोरियों के सभी खाँचे,
उनके इंसान बनने की हालत नज़र ही नहीं आती।

इसी मिट्टी पे बहती थी कभी प्यार की गंगा जमुना,
मटमैले पानी में अब कोई सूरत नज़र ही नहीं आती।

मिटा दे नफ़रत का जज़्बा इस जहाँ से हमेशा,
कोशिश कोई ऐसी मगर नज़र ही नहीं आती।

मोहब्बत को ही देना चाहिए बेइंतिहा अज़मत[5],
दवा है एक पर सबको ये लेनी ही नहीं आती।

---

1. अहल-ए-जहाँ = दुनिया वालो; 2. महरम = अंतरंग; 3. बरहम = नाराज़; 4. दरीचा = दीवार का झरोखा; 5. अज़मत = महानता।

मशविरा

ज़िन्दगी को जानना तो यही है मशविरा,
दोस्ती परिवार में होता नहीं कोई सिरा।

है नहीं मोहताज़ ये दीपावली के दीप का,
मन हमारा कब रहा कोई अँधेरों से घिरा।

लाख विपदाएँ हमारी जान कब हैं छोड़तीं,
नहीं करने दीजिए इनको कभी मन किरकिरा।

वो अगर करते नहीं उनकी वही पहचान है,
हम सहारा देंगे ही कोई अगर पथ में गिरा।

ओम के उच्चार का ब्रह्मांड तक फैलाव है,
जो कहे वो सिद्ध और जो सुने वो भी तरा।

दो हज़ार का नोट

दो हज़ार का नोट
इसमें नहीं कोई खोट

इसके जन्म की वजह में
कितनी ही नोच-खसोट है

जिसने हिलाया मुद्रा को,
ये वही भू-स्फोट है

इसकी है मेवा अनछुई
साबुत ये अब अखरोट है

ढीला न हो कुश्ती में जो,
वो पहलवानी लँगोट है

सब ले रहे इसे हाथ में
कर रहे इसको प्रोमोट है।

मुक्तक और रुबाइयाँ

वो लोग थे किस्मत वाले जो आँचल की छाँव छाँव चले
यूँ समझौते हर मोड़ किए, पर साथ में ले कर गाँव चले
पकड़ा हमने भी दामन पर कुछ अकड़ रही मसरूफ़ रहे
गुजरी इनके उनके दरम्याँ, कोई ठौर मिले न ठाँव मिले।

~*~*~*~*~*~

बिछुड़े जो मिल कर तुझसे, 'मुकद्दर' की बात थी
फिर दर्द-ए-दिल का सिलसिला, तेरी सौगात थी
अब गिले शिकवे इंतहा का ज़िक्र भी क्यूँ करें,
जब शुरू से ले ख़त्म सब तुझसे ही बात थी।

~*~*~*~*~*~

तेरे काँपते हसीं होंठ मेरा नाम न कह दें
मद-होश निगाहें, तेरा पैगाम न कह दें,
तू आ, मेरे महफूज आगोश में छुप जा
ये हाले-तबाह मेरे, सरे आम न कह दें।

~*~*~*~*~*~

2013, उत्तराखण्ड के पहाड़ों पर आयी प्रलय पर एक प्रलाप

प्रकृति के प्रकोप से क्यों त्रसित देवभूमि, नाथ
हिल उठे विराट-हृदय, ऐसा क्यों सर्व नाश?
पर्वतों का शीश सदा उठता नभ-नील ओर
कैसा ये सावन, क्यों लज्जित केदार नाथ?

7/13/11 मुम्बई बम ब्लास्ट

जो घायल हुए हादसे में इक आस ढूँढ़ने निकले थे
रोज़ी रोटी की चिन्ता में माई और बापू निकले थे
सपने कल के ले आँखों में सिख हिन्दू मुस्लिम ईसाई
क्या पता उन्हें, खूँखार दरिन्दे मौत बाँटने निकले थे।

~*~*~*~*~

कब तक रहोगी दूर, श्यामल मेघ की तरह
बस चमकती, लरजती, मनोद्वेग की तरह
इक दिन तो आओ सावन की झड़ी साथ ले
फिर बरसो मेरे मन, अदम्य* मेह की तरह।

*अदम्य = बेरोक, बेकाबू

~*~*~*~*~

जहाँ जहाँ जन्म है, मृत्यु है, उपास है
आदि है तो अन्त है ध्वंस है विनाश है
प्रार्थना कि आजीवन बनी रहे मर्यादा
यही एक जीवन की जीवन्त आस है।

~*~*~*~*~

कुछ तुम भी चलो, कुछ हम भी चलें
साथ चलने का दौर, यूँ ही चलता रहे
पास आओ न आओ मगर कुछ करो
खून दर्द-ए-जिगर से मेरे रिसता रहे।

~*~*~*~*~

ई-काव्य की स्वर्ग की ओर जाती सीढ़ियों पर टिप्पणी

राह ये जाती कहाँ, हमको कहाँ भरमा रहे,
भले पूछा आप ने, तो सुनो हम फरमा रहे।

बादलों तक हो लपकती, धरा की आकांक्षाएँ,
हम रहें प्रत्यक्ष, पर मन सूर्य और चन्दा रहे।

~*~*~*~*~*~

मैंने बस इतना ही बोला, अतिसुन्दर सच में नारि हो तुम,
कवि कल्पना फिसल जाये, वो सृष्टि का शृंगार हो तुम।
छवि उत्तम है तन है मोहक मन भी यदि सुन्दर कुछ होता
ऐसा क्या कह डाला मैंने, क्या इस में भी कोई है रोता?

~*~*~*~*~*~

जब हवा संवेदनाओं संग हमें आगोश लें ले
तैरते आँखें खुलीं रख गगन तक अट्टालिकायें
नहीं सीखा ठोकरों में कभी भी रखना जमाना
पर यहाँ तक आ गये हैं, प्रेम के प्रतिमान ले।

~*~*~*~*~*~

अब रोने को कहाँ मिले है रातों को तारों की छाँव
किसको सुधि है खोज खबर की, कहाँ गया वो मेरा गाँव
बगिया तो है, फूल भी हैं पर खुशबू का पता नहीं,
तेरे भी हैं चलन निराले, सब दे कर ले लेता छाँव।

~*~*~*~*~*~

इन बेफ़िक्र ख़यालों को भी संजीदगी पा लेगी कभी
तनहाई की कोई होगी घड़ी मेरी याद आ लेगी कभी,
लाख चाहे पर ये शोखी, ये अँगड़ाई, ये नशीली आँखें
इस जवानी की इक हसीन कहानी बना लेगी कभी।

~*~*~*~*~*~

बीते जलवों का गुमाँ अब क्या करना
जो हुआ-न हुआ, हिसाब क्या करना

वो जीने के अरमाँ, आसमानों की कशिश
कभी मेरे थे, लेकिन अब क्या करना।

~*~*~*~*~*~

इतनी आगे निकल गयी दुनिया
दिल में धड़कन तो पर दर्द नहीं
हर सिम्त है गुबार तहजीबों पर
साफ करने वाला कोई ये गर्द नहीं।

~*~*~*~*~*~

दिल की मुराद, बन्दे की हर बन्दगी
हैं ख़्वाहिशें बला की बस एक ज़िन्दगी
आता नहीं है कोई यहाँ लौट बार बार
तू जीना सीख जब तलक बख़्शी है ज़िन्दगी।

~*~*~*~*~*~

आज आदमी खड़ा चाँद पर और यान मंगल पर
इतनी करी तरक्की देखो उड़ते आज बिना पर
ऐसी है रफ़्तार है कि मन से तेज़ चले हैं बातें
मुश्किल था क्या इन्सानी दो जज़्बे भी रख लेता गर।

~*~*~*~*~*~

उठो, निहारो उषा, अम्बर, द्वार द्वार लाली है,
नदिया में ज्यों पिघला सोना, छवि मतवाली है,
दिवस पुनः लाया है अवसर, जियो जी भर कर
साँझ ढले फिर मत ये कहना, झोली खाली है।

~*~*~*~*~*~

है यूँ तो सरजमीं मेरी, रुपहला आसमाँ मेरा
ज़मीं में यारों की मस्ती, उधर सपनों का है डेरा

मगर बादल में है बिजली यहाँ लैलाओं की हरकत
बलाओं दोनों के डर से, न बन पाया ठिकाँ मेरा।

~*~*~*~*~

पुनरावृत्ति नियम से संयत धरती और गगन
आदि अन्त की उसी धुरी में निहित सारे क्रम
इस परिपूर्ण प्रणाली से जीवन उपजा, पनपा
क्यों अपूर्णता श्राप ग्रसित अदना मानव मन।

~*~*~*~*~

धूप चाहे गमों की या राहतों की छाँव,
ज़िन्दगी जब चल पड़ी तो कब रुके हैं पाँव,
सबका अपना सफ़र तन्हा, सबकी अपनी राह
मिली जो वो डगर ही थी, मिली किसको ठाँव।

~*~*~*~*~

सुबह शाम की लाली सान्निध्य अटका यह जीवन,
दिवस दोपहर रात्रि कालिमा की महिमा हर दिन,
बिखर रहे अगणित माणिक प्रतिदिन ही अम्बर पर,
हर माणिक लेकिन चुन लेता चुटकी आयु धन।

~*~*~*~*~

प्रेम की नदिया में मँझ-धारे नहीं होते
बचने को तिनके के भी सहारे नहीं होते
ये तो एक भँवर है जहाँ डूब के जाना है
इसमें कोई छोर और किनारे नहीं होते।

~*~*~*~*~

पत्थरों से बना घर जो दुनिया फेंके तेरी ओर
आग शोलों की जलाए अब न तेरा, मेरा ठौर

सभ्यता कितनी चली इंसानियत के सफ़र में
कलश पर असहाय मानव, और कितना और।

~*~*~*~*~

लाठी, चश्मा, धोती चप्पल, उस पर दुबली काया
लेकिन यदि व्यक्तित्व देख लो उसमें देश समाया
बापू का सच, पीर पराई, सीख हमेशा करना याद
रखना देश सभी से पहले आये स्वार्थ सभी के बाद।

~*~*~*~*~

अगर किस्मत से दिख जाये, नज़ाकत की झपक देखो,
मोहब्बत हर गुलिस्तां में, कि पल दो पल झलक देखो,
हो रहा अब फ़ासला कम इब्तिदा और इन्तिहा में,
इश्क़ के लम्हे मिलाओ, जियो आखिर तलक देखो।

~*~*~*~*~

आज और कल हों, बस गुलाब की बातें
ख़त्म हो न दरमियाँ वो खुमार की बातें
गर उतरे खुशबूओं की तह में आज कल में हम
तो उम्र भर होती रहेंगी फिर प्यार की बातें।

~*~*~*~*~

प्यार किया और दिल में रखा फिर तो वो तड़पेगा ही
लेकिन जब भी याद करोगे उसका दिल धड़केगा ही
बहुत उम्मीदें, और अरमान हैं उसको गले लगाने के
पास आयी फिर दूर गयी तो उसका तन भड़केगा ही।

~*~*~*~*~

काम धुरी पर टिकी सन्तुलित घूम रही थी भू काया
जैसे बढ़ी सभ्यता आगे, पैसे ने सह प्रलय मचाया

काम-दाम के दंश से धरा, विकृत अक्ष पर सहज हुई
काम रहा दुनिया का राजा, छायी पटरानी बन माया।

~*~*~*~*~

किसी को चाहो तो इतना चाहो कि किसी और की चाहत न रहे
किसी के रंग में ऐसे रंगो कि किसी और रंग की *माहत न रहे
इश्क़ तो रब की वो देन है जो मिलती है बस नसीब वालों को
डूबो ऐसे कि दीन-दुनिया के इल्म की बाक़ी कोई *जराहत न रहे।
*माहत = महत्ता, जराहत = ज़ख़्म

~*~*~*~*~

तेरे दिल का पता नहीं पर मैं तो तेरा दीवाना हूँ
अब तो अपना समझ ले मुझको मैं तेरा पैमाना हूँ
ऐ नाज-अदा वाली कमसिन इन शोलों को न बुझने दे
तेरे इश्क़ की ज्वाला में जल जाऊँ वो परवाना हूँ।

~*~*~*~*~

ज़िन्दगी तो एक अनुग्रह, ईश्वरीय वरदान है
राह पकड़ो मध्य की सबसे बड़ा ये ज्ञान है
अति हुई तो क्लिष्टता की कोई सीमा ही नहीं
कर सके जो सरल जितना उतना ही विद्वान है।

~*~*~*~*~

भावनाएँ प्रबल तो, झकझोर देना जानती हैं
गिल गया अनभिज्ञ गन तो गरल देना जानती हैं
बन के क्यों सुकरात हम सब श्रेय लेना चाहते हैं
इनके तेवर ढाल लें, तो बस ये देना जानती हैं।

~*~*~*~*~

बन्धनों से मन लगाने लगता है उम्मीदें पाने की
लेन देन का मामला शुरू हो जाता है, याने कि

घनिष्ठ रिश्तों में निःस्वार्थ प्रेम पनपने दें परस्पर
सद्भाव ऐसा, कहीं और न ज़रूरत पड़े जाने की।

~*~*~*~*~

देख लो उन्मुक्त हूँ मैं लहर सागर पास मेरे
आसमानी रंग से मिल खुल गये सब पाश मेरे
अब यही आकांक्षा है प्रेम मय सम्पूर्ण जीवन
प्राण बन फिर से जगाये क्षितिज में विश्वास मेरे।

~*~*~*~*~

चेहरे को उनके ग़ौर से फिर देखिए जनाब
खूबसूरती के नूर से हट देखिए जनाब
होंगे तमाम दाग़ और हर दाग़ में इक राज़
हर राज़ चढ़ीं साँकलें, और दर्द बेहिसाब।

~*~*~*~*~

जय भारत ध्वज सूचक बौद्धिक अरिहंत का
सनातन के सान्निध्य औ' गुलामी के अन्त का
तिरंगे में निहित जो सन्देश पहुँचे विश्व तक
देश जन को बोध रहे धर्म और जयंत का।

~*~*~*~*~

बेटियों की जय पताका सुर्ख़ियाँ हैं एक दिन की
लोग बौराये खुशी से सोचते हैं यह विजय उनकी
रोज़ की दिनचर्या में शायद ही इससे ख़लल होगी
जीत छोटी सी बदलती चेतना क्या विकृत मन् की।

~*~*~*~*~

जो वजह ढूँढ़ते हों हर बात में बुरा मान जाने की
जिनके जीने के सबब में ही, 'उसने' छेड़खानी की

ऐसे लोगों से तो आप सहानुभूति ही कर सकते हैं
ज़रूरत क्या है ज़बरदस्ती उनसे सर खपाने की?

~*~*~*~*~

हमरे पउवे में एकदम ख़ालिस दारू है
महुए की समझो ये पहली मेहरारू है
आप पीते रहिये बेशक अंग्रेज़ी माल
हमरी शक्ल तो बिना पिये ही दीदारू है।

~*~*~*~*~

एक कृष्ण ही तो हैं जो रंग सारे जीवन के मन में सजाते हैं
करुणा-मय हृदय पर जीवन संग्राम में नहीं पीछे हट जाते हैं
जग को प्रेम सूत्र बाँध, सोलह कलाओं का मर्म दिखलाते हैं
कृष्ण बने मन बोध - जीने की सही राह सदा जो बतलाते हैं।

~*~*~*~*~

मोहब्बत की राहों में आँसू बहुत हैं
मगर सोचते ये मोहब्बत से पहले,
ये दो पल का मिलना हँसना हँसाना
चले उम्र भर फिर अकेले अकेले।

~*~*~*~*~

मासूमियत का मसला तो हसीनों की क्या बात है
इनके कसमें वादों वफ़ाओं की दुनिया बेसबात है
अन्दर से भले ही सियाह-ओ-गहरे हों दाग़े-दामन
शक्ल पे खेलती शोख़ियाँ और नूर की बरसात है।

~*~*~*~*~

मेरी मुट्ठी में आसमाँ है
उनकी मुट्ठी में मेरी जाँ है

न उड़ानों में मेरी बन्दिश है
पर मेरा वो ही ठिकाँ है।

~*~*~*~*~

मालिक बोला जिसको मैं बोलूँगा होगी वही ग़ज़ल
नेता बोला मुर्गे की ही बाँग भोर की असल ग़ज़ल
बहस रही चलती बेमतलब और भोर से साँझ हुई
और कहीं चुपके से जा बस यूँ ही शरमाई ग़ज़ल।

~*~*~*~*~

जन्नत किसकी कहाँ किसी को ख़बर नहीं,
जन्नत हमारी यहीं, साथ चल के तो देख!
एक बार शीशा, शीशे से टकराने भी तो दे
एक जाम साथ पी, फिर बहक के तो देख।

~*~*~*~*~

यही तो इंसानियत की दुख भरी कहानी है,
कि अपने की इनायत ही, सभी बाक़ी बेमानी है
हमारे ख़ून का जज़्बा अगर हठ पर उतर आये
हमारा ख़ून ही बस ख़ून, बाकी सब का पानी है।

~*~*~*~*~

रिश्तों के निज़ाम की भी कोई सरहद होती
रोक लेते क़रीबी जा रही जा पार हद होती
शिकवे शिकायतों का मौसम न आता कभी
न हुए होते क़रीब इतने कि जद्दोजहद होती।।

~*~*~*~*~

कहाँ खिल पाता है
कोई भी फूल
जब तक न मिले उसे,
मिट्टी और धूल।

~*~*~*~*~

हैं ख़ुश नसीब जिनको सरमाया दोस्ती का
है साथ जीने का दम, हर दम है दोस्ती का
आती ज़रा सी बात पर इसमें मगर दरारें
रिश्तों में सबसे नाज़ुक रिश्ता है दोस्ती का।

~*~*~*~*~

मन कहता है सुबह और शाम प्रतिदिन का ही क्रम है,
पर समय करता इशारा कि ये आपके मन का भ्रम है,
एक से लगते भले हों सुबह शाम और रात दिन
पुनरावृत्ति पर करे आपके ख़ज़ाने से एक दिन कम है।

~*~*~*~*~

हर नारी है आज पूजती साँझ ढले जब आये चन्दा,
नमन करे सुबह सूरज को, मन में पर बैठाये चन्दा,
निराहार एकाग्र ध्यान से पति हित सब कुछ दे देती
चन्दा का आशीष मिले कहता जग की तुम ही चन्दा।

~*~*~*~*~

ज़ेहन में रहते हो हमेशा कभी आ भी जाओ
प्यास इक मुद्दत की है आ के बुझा भी जाओ
हमने तो चाहा तुम्हें ही था हर जनम के लिए
*मशग़ला ख़याली नहीं है आ के बता भी जाओ।

*मशग़ला = दिल-बहलाव

~*~*~*~*~

शौर्य पुंज पर दिन तुमको स्वयं जला कर दिखलाया,
मापदंड अपने ही बन कर उपजाई सृष्टि की माया
और शेष क्या जीवन में उदित, उत्थान अस्त होने के
भाग्य विधाता सबका पर अपने माथे क्या लिख लाया।

~*~*~*~*~

गुल को गुलाब भेजा, बड़ा काम कर दिया
ख़ामोश रह के काम ये अंजाम कर दिया
हम तो गुमाँ में थे कि ख़बर किसी को नहीं
ख़ुशबू ने मगर क़िस्सा सरे-आम रि दिया।

~*~*~*~*~*~

आज़ाद शे'र

अब उसको हो गया है इश्क़ अस्ल-ए-हयात से,
छोड़ कर सारे गुलो-चमन-ओ-सय्याद आयी है

~*~*~*~*~

एक अरसे बाद हटाई आईने से उसने धूल,
खिल गये ख़ामोशियों से जाने कितने फूल

~*~*~*~*~

ठोकर में है वो दौलत, पैरों तले वो मान
रंजिश करे जो तेरे और मेरे दरमियान

~*~*~*~*~

ज़िक्र करना एक का क्या, लूँ सभी के नाम
या भेज दूँ खुशबू भरा, हर प्यार को सलाम

~*~*~*~*~

आते आते आप की, आहट रुक जो जाती है
आप को खेल लगता है हमारी जान जाती है

~*~*~*~*~

इन खुश्क आँखों की वीरानगी पर न जा,
हर एक बात चेहरे से ज़ाहिर नहीं होती

~*~*~*~*~

सहर फैला रही है अपने बाज़ू,
मेरा साया सिमटता जाता है!

कैसे जीऊँ, मर मर के हज़ार बार
अब तो दम सा निकलता जाता है

~*~*~*~*~*~

तार्रुफ का उनसे इत्तेफाक़ हुआ है ज़रूर
ये और बात है कि उन्हें याद भी नहीं

~*~*~*~*~*~

किस्तों में मिले यार, दोस्त, प्यार औ रहबर
चलते जो सारी उम्र हमसफ़र नहीं मिले

~*~*~*~*~*~

कहने को कायनात में क्या कुछ नहीं है
रहता है देखने को क्या, तुझे देखने के बाद

~*~*~*~*~*~

इस कदर जलवा फरेब हैं कि,
आईने से भी शरमा रहे हैं वो

~*~*~*~*~*~

सजा ज़हन में गाँव का पनघट, और सभी पहचाने मोड़
लेकिन जो यादें दुखदायी, भूल उन्हें चल पीछे छोड़

~*~*~*~*~*~

क़त्ल करने के लिए हथियार का क्या काम है,
एक नज़र तो डालिए, हम यूँ ही मर जाएँगे

~*~*~*~*~*~

कह पाये तो ढाई आखर गागर, सागर भरते हैं
नाच नहीं आये भय्या तो आँगन टेढ़ा कहते हैं

~*~*~*~*~*~

मोहब्बत का करें इज़हार तो आती है यही मुश्किल,
अभी अन्दाज़ जो गुमसुम, वो सर पे चढ़ के बोले हैं

~•~•~•~•~

चाँद सी सूरत की तकदीर भी अजब सी है
कोई देखे हसरतों से, कोई बुरी नज़र डाले

~•~•~•~•~

कुछ खुशनुमा से वक़्त के पैबन्द लग चुके हैं
दिल के पुराने ज़ख़्म, भूल जाना ही बेहतर

~•~•~•~•~

उधर भी भाँपते अहसासों के सैलाब-ज़दा साहिल
उधर भी शायद जल्दी हो समन्दर से मिल जाने की

~•~•~•~•~

इश्क़ की तक़दीर में हैं कितनी शामें और सहर
इस महक में डूब कर किसने भला परवाह की

~•~•~•~•~

हमने कब रखे हैं उनकी वफ़ाओं के हिसाब
उनके *तज़ब्ज़ुब में मिल जाते हैं सारे जवाब
*तज़ब्ज़ुब = असमंजस, दुविधा

~•~•~•~•~

आसमाँ में भले ही चाँद और लाखों सितारे हैं
उनकी आँखों में कहकशाँ से बढ़ के नज़ारे हैं

~•~•~•~•~

देख लूँ ज़िन्दगी को मुकम्मल एक बार
मिरी नज़र को थोड़ा सा फ़ासला दे दे

~*~*~*~*~*~

हम अपना तख़ल्लुस क्यों दाग़ ही न रख लें
बस जायेंगे हर दिल में जो आशिक़ों का है

~*~*~*~*~*~

प्रेम रंग तो एक है, विस्तृत कान्हा रूप
कोई रस बस जाइये इतने प्रभु स्वरूप

~*~*~*~*~*~

मिलते हैं रास्ते में कितने ही ख़ैर-ख़्वाह
होंगे दुआ या सबक़ ये अल्लाह ही जाने

~*~*~*~*~*~

खुशनुमा से लोग मिलते ज़िन्दगी के सफ़र में जब
उम्र के गलियारे में दो फूल खिल जाते हैं और

~*~*~*~*~*~

□□